JEAN-CHARLES KARMANN

Photographies : Pierre Cabannes

Stylisme : Chantal Guillemain

Les meilleures recettes de FOIE GRAS

Éditions
de La Martinière

Je dédie ce livre à Sophinou, Clara, Matthieu et Thomas

Préface

Le foie gras, ce produit millénaire, recèle bien des secrets et déclenche bien des passions. En octobre 2005, l'Assemblée nationale l'a enfin déclaré à l'unanimité « patrimoine culturel et gastronomique français », jugeant qu'il remplissait « tous les critères objectifs qui permettent de le placer de façon incontestable dans le patrimoine national ».
Cela méritait bien un ouvrage...
Des Égyptiens aux cuisiniers modernes, le foie gras a inspiré bien des grands chefs qui en ont fait un ingrédient incontournable de la gastronomie et des grands dîners de gala.
De tous mes livres (*Mes 100 recettes de fromages*, *Mes 100 recettes d'œufs*, *Mes 100 recettes de foie gras*, *Tout Siphon*, *Tout Expresso*, *Tout Vapeur* et *Tout Croque*), aucun ne mériterait autant que celui-ci de s'intituler « Nos recettes ». En effet, bien que je m'attribue prétentieusement et jalousement la partie créative de ces recettes, il m'a fallu m'appuyer sur le grand professionnalisme de Bruno Goussault, directeur scientifique du CREA (Centre de Recherche et d'Études pour l'Alimentation), qui m'a dirigé dans la perfection des cuissons et sur l'ensemble de ma brigade avec qui les discutions, échanges et les idées ont fusé afin de vous livré le meilleur.
C'est toujours avec le même plaisir que je vois dans les rayons des libraires un de mes nouveaux ouvrages et une fois de plus j'attends l'ensemble de vos commentaires sur mon site www.jckarmann.com.
Je vous invite donc à une belle promenade au pays des saveurs gourmandes pour vous faire comprendre, cuisiner, savourer et adopter ce produit d'exception qu'est le foie gras.

Jean-Charles Karmann

Sommaire

Jean-Charles Karmann

Avant-propos

Foie gras passion

Au cours de ma carrière de cuisinier, débutée il y a bien longtemps, j'ai eu très fréquemment l'occasion de travailler des foies gras et d'en déguster tout autant. Aujourd'hui, j'ai souhaité partager avec vous, dans cet ouvrage, cette passion qu'est devenu le foie gras, et ses secrets.
Avant de vous dévoiler mes cent idées de préparation et de présentation de ce produit miraculeux, il me faut prendre quelques instants pour vous expliquer certaines choses élémentaires concernant le foie gras.

Comment choisir son foie gras ?

Oie ou canard ?

Au vu des chiffres de la production annuelle : 580 tonnes de foie gras d'oie pour 16 000 tonnes de foie gras de canard, il est évident que la consommation de foie gras de canard a la préférence de nos palais. Ces deux produits ont des goûts légèrement différents, mais tout aussi agréables.
Si le foie gras d'oie est plus gros, plus gras et de couleur plus blanche, il donne en bouche une sensation souple et révèle un goût légèrement amer et agréable qui lui permet d'être cuisiné de multiples façons, que ce soit chaud ou froid.
Le foie gras de canard, quant à lui, est plus petit, plus beige, avec un goût plus soutenu. Il développe en bouche une sensation puissante et un goût rond, qui enveloppent le palais de saveurs boisées, ce qui autorise un grand nombre de facéties gourmandes.
L'oie de Toulouse pouvait fournir des foies de plus de 1 kg. La consommation de cette volaille est devenue plus rare, ce qui a progressivement fait disparaître l'espèce au profit de l'oie des Landes, oie grise de taille raisonnable qui produit des foies de très belle qualité.

Deux espèces, selon la faveur des éleveurs, se partagent la production de foie gras de canard : le canard de Barbarie (*Cairina moschata*) et le canard mulard. Le second est issu du croisement du premier avec la cane de Pékin, et donne un foie unanimement apprécié par les connaisseurs. Le foie des canards est de bien meilleure qualité que celui des canes, qui est d'ailleurs souvent écarté de la production.

Quelle origine ?

Bien que l'Alsace soit le berceau historique du foie gras en France, cette région ne produit plus les mêmes quantités qu'autrefois. Le Sud-Ouest est devenu, au fil du temps, le terroir de prédilection des éleveurs. Il est quand même possible de trouver de très beaux lobes de foie gras dans bien d'autres régions françaises, chez des éleveurs qui respectent des règles drastiques quant à l'élevage, le gavage et l'abattage des palmipèdes. Les fermes landaises fournissent le tiers de la production française. Les éleveurs du Gers, très structurés, se sont regroupés en coopératives ou en groupements de producteurs, qui leur permettent de fournir des foies de bonne tenue. Et comment parler foie gras sans avoir une pensée pour le Périgord, de Sarlat à Périgueux ? Même si la production reste modeste, elle est néanmoins de très belle qualité.

Au total, plus de cinquante départements français produisent cet ingrédient de choix, dans des régions qui peuvent surprendre : la Picardie, la Normandie ou la Bourgogne. L'expansion la plus spectaculaire dans ce domaine, dans les dernières années, serait sans doute attribuée à la Vendée.

La production mondiale n'est pas non plus à négliger. Jusqu'au XIXe siècle, la Hongrie a été le premier éleveur mondial d'oies. Aujourd'hui, les producteurs se sont convertis à l'élevage des canards et respectent toutes les normes de qualité, d'hygiène et de transport, ce qui leur permet de fournir un très beau produit. Israël, jusqu'à présent troisième pays producteur de foie d'oie, vient d'interdire le gavage, et c'est la Jordanie qui reprend cette production, dont une partie est préparée casher.

Quel label ?

Les foies gras qui disposent d'un signe officiel d'identification offrent, bien entendu, une fiabilité supérieure à celle d'un foie gras non certifié. Il existe deux signes qui attestent d'une qualité et d'une origine garanties :

– l'Indication Géographique Protégée, ou IGP, le signe officiel européen qui garantit une qualité et une réputation liée à l'origine. Ce signe a été attribué en juin 2000 aux canards gras mulards et de Barbarie du Sud-Ouest. L'indication géographique Sud-Ouest ou les termes régionaux associés comme, Chalosse, Gascogne, Gers, Landes, Quercy ou Périgord garantit que les canards ont été élevés, gavés, abattus et cuisinés dans l'aire géographique nommée selon un cahier des charges strict et contrôlé par des organismes agréés par les pouvoirs publics. Pour prétendre à l'IGP, les canards doivent, entre autre, impérativement être élevés dans le Sud-Ouest durant quatre-vingt-un jours minimum sur un parcours herbeux et gavés dans le Sud-Ouest durant douze jours minimum au maïs du Sud-Ouest.

– *Le label rouge « Foie gras des Landes »* a été créé en 1996. Cette association regroupe 250 producteurs-éleveurs qui répondent à un cahier des charges très précis, tant pour l'élevage que pour le gavage. Les palmipèdes gras ne peuvent en aucun cas être gavés avec une pâtée industrielle.

Quel foie gras utiliser pour la cuisson des terrines ?

La cuisson des foies gras, que ce soit en terrines, en bocaux, au torchon, poêlés ou même cuisinés, demande une précision exemplaire. Le choix des foies est également déterminant.

Si vous choisissez des foies de canard, optez de préférence pour des lobes d'une couleur beige ivoire uniforme, sans hématome ni tache rougeâtre, et n'excédant pas 450 à 500 grammes. Les lobes de foie d'oie devront être bien blancs, sans tache, et peser entre 600 et 700 grammes. Dans tous les cas, que ce soit des foies d'oie ou des foies de canard, il est impératif de les choisir de texture souple et de les travailler le plus tôt possible, dans les heures suivant l'abattage.

Comment déveiner un foie gras ?

Il est préférable de se procurer des foies préalablement déveinés à chaud, ce qui signifie que, juste après l'abattage, le foie a été débarrassé de ses veines.

Si ce n'est pas le cas, laissez reposer votre foie à température ambiante pendant 1 heure afin qu'il retrouve une texture semblable à celle de la pâte à modeler. Séparez ensuite

le petit lobe du grand lobe, aplatissez-les délicatement à l'envers sur votre table de travail, puis, avec la pointe d'un petit couteau, soulevez délicatement la grosse veine située à la base du gros lobe et qui couvre toute la longueur du foie – attention : ce réseau veineux est composé de deux couches superposées. Tirez alors doucement afin de décoller les deux épaisseurs de veines sur toutes leurs ramifications. Réalisez ensuite la même opération sur le petit lobe (qui ne possède qu'un seul réseau de veines). Si l'une des veines venait à casser, retirez tous les petits filaments qui restent dans le lobe avec la pointe du couteau.
Une fois bien déveiné, votre foie gras est prêt à être utilisé pour la recette de votre choix.

Quels types de foie gras trouve-t-on dans le commerce ?
– Le foie gras cru : il provient exclusivement de canards gras ou d'oies grasses. Il se présente soit troussé, emballé dans un papier de soie, soit sous vide. Il se conserve au réfrigérateur entre 0 et 4 °C.
– Le foie gras frais : souvent présenté en terrine, en bocal ou au torchon. Ce foie gras d'oie ou de canard a été cuit à basse température (maximum 63 °C) et n'a subi aucune adjonction de sel nitrité, d'ascorbate de sodium, de conservateur ou de colorant. Sa date limite de conservation (DLC) est de 4 jours, selon la cuisson.
– Le foie gras mi-cuit ou juste-cuit : il est pasteurisé. Il a été cuit sous vide, à une température minimale de 63 °C. Il peut contenir des agents conservateurs ou antioxydants tels que le sel nitrité ou l'ascorbate de sodium. Il se conserve au frais (de 0 à 4 °C) de plusieurs jours à plusieurs mois selon les barèmes de cuisson appliqués par le producteur.
– Le foie gras en conserve : il est stérilisé. Il est cuit près de 1 h au-delà de 105 °C en bocaux ou en boîtes de métal. Il se conserve plusieurs années dans un endroit sec et frais.
– Le foie gras entier : « préparation composée d'un foie gras entier ou d'un ou plusieurs lobes de foie gras et de son assaisonnement ». Ce produit ne doit pas contenir plus de 30 % de graisse exsudée.
– Le foie gras : « préparation composée de plusieurs morceaux de lobe de foie gras

de plus de 20 g agglomérés et d'un assaisonnement ». Ce produit ne doit pas contenir plus de 30 % de graisse exsudée.
– Le foie gras truffé : ce foie gras doit contenir au moins 3 % de véritable truffe (*Tuber melanosporum*).
– Le bloc de foie gras : « préparation émulsionnée à base de foie gras reconstitué et d'un assaisonnement. Le bloc peut éventuellement comporter des morceaux de lobe de foie gras ». Si l'emballage indique la présence de morceaux, il ne peut y en avoir moins de 30 %. La quantité d'eau ajoutée ne peut excéder 10 %.
– Mousse, purée, parfait, médaillon de foie d'oie ou canard : ces produits, qui doivent comporter au minimum 50 % de foie gras, n'ont en aucun cas le droit à l'appellation foie gras.

Dans tous les cas, pour tout produit à base de foie gras, l'emballage doit impérativement indiquer l'appellation, la liste des ingrédients, les allergènes, la température de conservation, la date limite de consommation (DLC) pour les semi-conserves ou la date limite d'utilisation optimale (DLUO) pour les conserves, l'identification du lot, le poids, le numéro d'agrément sanitaire et l'adresse du fabricant.
La DGCCRF (Direction générale de la consommation, de la concurrence et de la répression des fraudes) veille scrupuleusement au respect des règlements.

LES INCONTOURNABLES

Foie gras de canard au torchon et abricots confits

Pour 6 personnes

2 lobes de foie gras de canard déveiné de 450 g chacun • 150 g d'abricots confits moelleux • 4 sachets d'infusion fruitée • 4 cl de liqueur de pêche • 1 c. à café de fleur d'oranger • 10 g de sel • 3 g de poivre

Faites tiédir la liqueur dans une petite casserole et assaisonnez en sel et poivre. Versez l'alcool dans un plat et mettez les lobes de foie gras à mariner une bonne heure.

Ouvrez les abricots en deux.

Placez les lobes à plat sur un torchon en coton blanc bien propre et garnissez le centre avec les abricots. Roulez le torchon et serrez avec une bande de gaze afin d'obtenir un cylindre bien ferme et bien rond d'un diamètre de 5 à 6 cm. Attachez les extrémités avec de la ficelle.

Faites bouillir 3 l d'eau dans une grande casserole. Ajoutez les sachets d'infusion ainsi que la cuillerée à café d'eau de fleur d'oranger. Plongez le foie gras au torchon, recouvrez d'une assiette pour qu'il soit en immersion totale puis laissez cuire à frémissement pendant 15 à 20 min, selon le diamètre du cylindre de foie gras. Retirez du feu et laissez revenir à température ambiante avant de placer au frais.

Vous pourrez consommer ce foie gras pendant 4 à 6 jours ; il aura un maximum de saveur après 2 jours au réfrigérateur.

Conseil. Pour cette recette, vous pouvez utiliser des abricots frais en saison. Ajoutez alors un tout petit peu de gélatine ven poudre, qui rendra plus pratique la découpe de votre foie gras.

Foie gras de canard au torchon et dattes confites

Pour 6 personnes

2 lobes de foie gras de canard déveiné de 450 g chacun • 100 g de dattes confites • 2 feuilles de gélatine • 3 bottes de menthe • 4 cl de thibarine (alcool de datte) • 10 g de sel • 3 g de poivre

Faites tiédir la thibarine et assaisonnez en sel et poivre.

Faites ramollir les feuilles de gélatine dans un bol d'eau tempérée puis égouttez, pressez et faites fondre totalement dans l'alcool de datte.

Versez l'alcool dans un plat et faites tremper les lobes de foie gras.

Ouvrez les dattes en deux et dénoyautez-les.

Placez les lobes à plat sur un torchon en coton blanc bien propre, puis placez au centre une ligne de dattes coupées en deux. Arrosez de marinade légèrement gélifiée, puis roulez afin de confectionner un cylindre bien ferme. Serrez fortement avec une bande de gaze et attachez les extrémités avec de la ficelle.

Faites bouillir 3 l d'eau dans une grande casserole avec les bottes de menthe et une poignée de gros sel. Plongez le foie gras au torchon et recouvrez-le d'une assiette pour qu'il soit en immersion totale. Laissez cuire à frémissement pendant 15 à 20 min, selon le diamètre du cylindre de foie gras. Retirez du feu, laissez revenir à température ambiante et placez au frais.

Laissez mariner 2 jours pour que le foie gras ait une saveur maximale. Vous pourrez le consommer pendant 4 à 6 jours.

Conseil. Je vous propose ici un bouillon à la menthe pour pocher le foie gras, mais vous pouvez le parfumer avec d'autres arômes et épices.

Foie gras de canard au torchon et pépites de figue

Pour 6 personnes

2 lobes de foie gras de canard frais déveiné de 450 g chacun • 100 g de figues moelleuses • 1 botte de thym frais citronné • 4 cl de boukha (alcool de figue) • 10 g de sel • gros sel • poivre mignonnette • 3 g de poivre moulu

Faites tiédir la boukha et assaisonnez en sel fin et poivre moulu. Laissez-la refroidir et faites-y tremper les lobes de foie gras pendant 2 h environ.

Ouvrez les figues en deux et grattez l'intérieur afin de récupérer les graines. Malaxez les graines pour en faire une purée et badigeonnez-en les lobes.

Placez les lobes de foie aux graines de figue à plat sur un torchon en coton blanc bien propre, puis roulez le torchon afin de confectionner un cylindre bien ferme. Serrez fortement avec une bande de gaze et attachez les extrémités avec de la ficelle.

Faites bouillir 3 l d'eau dans une grande casserole et faites infuser la botte de thym avec une poignée de gros sel et de poivre concassé. Plongez le foie gras au torchon et recouvrez-le d'une assiette pour qu'il soit en immersion totale. Laissez cuire à frémissement pendant 15 à 20 min, selon le diamètre du cylindre de foie gras. Retirez la casserole du feu et laissez revenir à température ambiante avant de placer au réfrigérateur.

Laissez mariner ce foie gras pendant 2 jours afin d'obtenir un parfum optimal. Vous pourrez le consommer pendant 4 à 6 jours.

CONSEIL. Vous pouvez utiliser des figues fraîches en morceaux : placez-les au centre du foie gras pour avoir une jolie garniture rouge.

Foie gras de canard au torchon, craquant de mendiant

Pour 6 personnes

2 lobes de foie gras de canard frais déveiné de 450 g chacun • 150 g de mendiant (noix, noisettes, amandes effilées grillées, noix de cajou, pistaches, raisins de Smyrne) • 1 c. à soupe de miel mille fleurs • 10 g de sel • 3 g de poivre moulu

Pour le bouillon : 2 bâtons de cannelle • 1 pincée de quatre-épices • 1 c. à café de cumin en poudre

Assaisonnez les lobes à plat en sel et poivre.

Dans un mixeur, concassez grossièrement le mendiant et ajoutez la cuillerée de miel.

Sur un torchon de coton blanc bien propre, placez les lobes de foie gras à plat et parsemez de mendiant au miel, puis roulez le torchon afin de confectionner un cylindre bien ferme. Serrez fortement avec une bande de gaze et attachez les extrémités avec de la ficelle.

Faites bouillir 3 l d'eau dans une grande casserole et ajoutez les épices, le cumin et la cannelle. Plongez le foie gras au torchon et recouvrez-le d'une assiette pour qu'il soit en immersion totale. Laissez cuire de 15 à 20 min, selon le diamètre du cylindre de foie gras, puis laissez refroidir 1 h à température ambiante avant de placer au réfrigérateur.

Le foie atteindra une maturité parfaite après 2 jours de marinade ; vous pourrez le consommer pendant 4 à 6 jours.

Conseil. Vous pouvez remplacer les épices du bouillon par un vin de noix coupé à l'eau. Dans ce cas, le foie gras sera coloré.

Foie gras de canard au torchon et girolles au parfum de madère

Pour 6 personnes

2 lobes de foie gras de canard frais déveiné de 450 g chacun • 1 c. à soupe de graisse de canard • 250 g de girolles fraîches • 1 échalote • 10 g de sucre • 6 cl de madère • 3 l de bouillon de bœuf bien corsé • 10 g de sel • 3 g de poivre moulu

Faites tiédir l'alcool et assaisonnez en sel, poivre et sucre.

Versez l'alcool dans un plat et faites mariner les lobes de foie gras environ 2 h, à température ambiante.

Pendant ce temps, essuyez les girolles une à une. Je vous conseille de les essuyer et non de les laver, sinon elles vont se gorger d'eau.

Dans une poêle bien chaude, faites fondre la graisse de canard, puis faites revenir les girolles à feu vif, assaisonnez en sel fin et poivre du moulin. En fin de cuisson, ajoutez l'échalote préalablement lavée, épluchée et hachée finement. Débarrassez et laissez reposer la fricassée à température ambiante.

Au centre d'un torchon de coton blanc bien propre, placez les lobes de foie gras, recouvrez-les de la fricassée de girolles puis roulez le torchon afin de confectionner un cylindre bien ferme. Serrez fortement avec une bande de gaze et attachez les extrémités avec de la ficelle.

Dans une grande casserole, faites chauffer le bouillon de bœuf jusqu'à frémissement. Plongez le foie gras au torchon et recouvrez-le d'une assiette pour qu'il soit en immersion totale. Laissez cuire de 15 à 20 min, selon le diamètre du cylindre de foie gras. Retirez du feu et laissez revenir à température pendant 1 h avant de placer au réfrigérateur.

Le foie gras arrivera à maturité au bout de 2 jours ; vous pourrez le consommer pendant 4 à 6 jours.

CONSEIL. Ce foie gras au goût de promenade dans les sous-bois pourra prendre le parfum de mille et un champignons. Il suffira de remplacer les girolles par des pleurotes, des chanterelles, des pieds-de-mouton ou tout autre champignon issu de votre cueillette.

Foie gras de canard tradition cuit au torchon

Pour 6 personnes

2 lobes de foie gras de canard frais déveiné de 450 g chacun • 4 cl de madère • 4 cl de cognac • 3 l de bouillon de poule corsé • 10 g de sel • 3 g de poivre moulu • 6 g de sucre

Faites tiédir le madère et le cognac dans une petite casserole, assaisonnez en sel, poivre et sucre. Laissez refroidir les alcools à température ambiante puis, dans un plat à bords hauts, faites mariner les foies 2 h environ.

Au centre d'un torchon de coton blanc bien propre, légèrement humide, placez les lobes de foie gras puis roulez le torchon afin de confectionner un cylindre bien ferme. Serrez fortement avec une bande de gaze et attachez les extrémités avec de la ficelle.

Dans une casserole, faites chauffer le bouillon de poule jusqu'à frémissement. Plongez le foie gras au torchon et recouvrez-le d'une assiette pour qu'il soit en immersion totale. Laissez cuire à frémissement de 15 à 20 min, selon le diamètre du cylindre de foie gras, puis retirez du feu. Laissez refroidir dans le bouillon et placez le tout au réfrigérateur.

Laissez macérer 2 ou 3 jours. Le foie gras se conservera de 4 à 6 jours.

Conseil. Sur cette même base, il est possible de confectionner un foie gras nature, sans alcool, uniquement assaisonné en sel, poivre et sucre.

Terrine de foie gras de canard au confit fondant

Pour 6 personnes

2 lobes de foie gras de canard déveinés de 400 g chacun • 2 cuisses de canard confites • 1 c. à soupe de graisse de canard • 2 grosses échalotes • 6 g de poivre mignonnette • 6 g de sucre • 5 cl de porto • 12 g de sel • poivre blanc du moulin

Faites tiédir le porto, ajutez le sel, le sucre et la mignonnette.

Écartez les lobes de foie gras de manière à obtenir 4 morceaux, déposez-les dans un plat à bords hauts et versez le porto assaisonné. Laissez mariner de 2 à 3 h.

Pendant ce temps, retirez la peau des cuisses de canard, désossez-les et émiettez-les à la fourchette. Attention, à ne pas laisser de cartilage, qui endommagerait la terrine lors de sa découpe.

Dans une poêle, faites fondre 1 c. à soupe de graisse de canard, puis faites-y revenir les échalotes lavées, épluchées et ciselées. Lorsqu'elles blondissent, ajoutez la chair de canard émiettée et laissez mijoter 4 à 5 min. Rectifiez l'assaisonnement, mouillez avec la marinade du foie gras. Laissez réduire légèrement, puis versez dans un plat et laissez refroidir.

Préchauffez votre four à 110 °C (th. 3-4).

Dans une terrine en porcelaine, placez un demi-lobe de foie gras face vers le fond, puis recouvrez de confit émietté aux échalotes. Déposez un autre demi-lobe de foie gras par-dessus et continuez à monter la terrine en couches successives, en terminant par un lobe de foie.

Placez la terrine dans un plat à bords hauts allant au four et versez de l'eau bouillante à mi-hauteur pour obtenir un bain-marie ; enfournez et laissez cuire 1 h 15. Sortez du four et laissez reposer à température ambiante pendant environ 1 h. Videz l'eau de cuisson.

Placez sur votre terrine une planchette de bois de la même dimension, préalablement emballée dans une feuille de papier sulfurisé. Pressez avec une boîte de conserve (ou autre objet du même gabarit). Conservez au réfrigérateur pendant une dizaine d'heures, toujours dans le même plat afin de récupérer la graisse exsudée.

À la sortie du réfrigérateur, nettoyez les bords de la terrine, récupérez la graisse dans le plat et faites-la fondre ; passez-la à travers un linge fin pour en napper le dessus de la terrine. Replacez la terrine au frais pendant 2 jours, les parfums n'en seront que mieux répandus.

Cette terrine se conservera de 4 à 6 jours.

CONSEIL. Vous pouvez aussi utiliser des confits d'oie ou de joues de porc ; le résultat est surprenant.

Terrine de foie gras de canard au gingembre confit

Pour 6 personnes

2 lobes de foie gras de canard déveinés de 400 g chacun • 100 g de gingembre confit • 1 petit morceau de racine de gingembre • 8 g de sel • 3 g de poivre du moulin

Épluchez la racine de gingembre et faites-la infuser dans 1 l d'eau bouillante. Laissez refroidir complètement puis plongez les lobes de foie gras et placez-les au réfrigérateur ; laissez-les dégorger ainsi une dizaine d'heures.

Sortez le foie gras et essuyez-le avec du papier absorbant. Assaisonnez en sel et poivre.

Préchauffez votre four à 110 °C (th. 3-4).

Dans une terrine en porcelaine, déposez un lobe de foie gras face contre le fond, puis parsemez-le de pétales de gingembre confit ; superposez de même les autres morceaux de foie en intercalant des pétales de gingembre.

Placez votre terrine dans un plat à bords hauts, versez de l'eau bouillante à mi-hauteur pour obtenir un bain-marie ; enfournez et laissez cuire 1 h 15.

Sortez le plat du four et laissez reposer à température ambiante pendant environ 1 h.

Placez sur votre terrine une planchette de bois de la même dimension, préalablement emballée dans une feuille de papier sulfurisé. Pressez avec une boîte de conserve (ou autre objet du même gabarit). Videz l'eau du plat et replacez au réfrigérateur pour une dizaine d'heures dans le plat de cuisson.

À la sortie du réfrigérateur, nettoyez les bords de la terrine, récupérez la graisse exsudée se trouvant dans le plat ; faites-la fondre et filtrez-la sur la terrine à travers un linge fin ; remettez au frais.

La terrine aura une saveur optimale au bout de 2 jours et vous pourrez la consommer pendant 4 à 6 jours.

Conseil. Il est possible de forcer le tempérament de cette recette en utilisant un gingembre non confit et simplement râpé ; il faudra alors mettre un peu de sucre pour supprimer l'amertume.

Pressé de foie gras de canard aux pruneaux et vin de noix

Pour 6 personnes

2 lobes de foie gras de canard déveinés de 400 g chacun • 200 g de pruneaux d'Agen dénoyautés • 7 cl de vin de noix • 6 g de poivre mignonnette • 12 g de sel fin

Faites tiédir le vin de noix dans une petite casserole et assaisonnez-le avec le sel et la mignonnette de poivre. Ajoutez les pruneaux et laissez frémir de 3 à 4 min.

Hors du feu, écrasez les pruneaux à l'aide d'une spatule en bois puis laissez revenir à température ambiante.

Déposez les lobes de foie gras dans un plat à bords hauts et recouvrez-les de la préparation aux pruneaux. Malaxez-les doucement. Les pruneaux étant tièdes, ils vont doucement ramollir les lobes de foie gras. Quand ils commenceront à prendre une couleur légèrement brune, placez-les en couches successives dans une terrine en faïence.

Préchauffez le four à 110 °C (th. 3-4).

Placez la terrine dans un plat à bords hauts allant au four. Versez de l'eau bouillante à mi-hauteur pour obtenir un bain-marie, puis enfournez et laissez cuire 1 h 15.

Sortez la terrine du four et laissez-la reposer à température ambiante pendant environ 1 h.

Retirez l'eau de cuisson et laissez la terrine dans le plat.

Placez sur votre terrine une planchette de bois de la même dimension, préalablement emballée dans une feuille de papier sulfurisé. Pressez avec une boîte de conserve (ou autre objet du même gabarit). Conservez au réfrigérateur pendant une douzaine d'heures.

À la sortie du réfrigérateur, lissez le dessus de la terrine et récupérez la graisse qui se trouve dans le plat ; faites-la fondre et filtrez-la sur la terrine à travers un linge fin ; remettez au frais pour une dizaine d'heures.

Cette terrine aura un parfum optimal si elle reste au réfrigérateur au moins 2 jours. Elle se conservera de 4 à 6 jours maximum.

CONSEIL. Faites attention de ne pas ébouillanter les lobes avec des pruneaux qui seraient trop chauds. Il faut prendre garde à ne pas faire fondre le foie avec ce mélange.

Foie gras de canard en fricassée de petits cèpes bouchons et vieux porto

Pour 6 personnes

2 lobes de foie gras de canard déveinés de 400 g chacun • 300 g de petits cèpes bouchons • 1 grosse échalote • 1/2 botte de persil plat • 1 c. à soupe de gélatine en poudre • 5 cl de vieux porto • 6 g de poivre blanc mignonnette • 12 g de sel fin

Coupez les lobes de foie gras en deux dans le sens de l'épaisseur. Assaisonnez avec la moitié du sel et du poivre puis, dans une poêle bien chaude, poêlez-les très fortement sur les deux faces ; réservez dans un plat à bords hauts et conservez la graisse dans la poêle.

Essuyez les cèpes ; épluchez l'échalote et émincez-la ; lavez le persil et ciselez-le.

Préchauffez votre four à 110 °C (th. 3-4).

Faites revenir les cèpes dans la graisse de la poêle. Ajoutez l'échalote et le persil. Assaisonnez avec le reste du sel et du poivre. Lorsque cette fricassée a pris une belle couleur, déglacez-la avec le vieux porto et laissez réduire de 3 à 4 min.

Dans une terrine en porcelaine, placez un demi-lobe poêlé, saupoudrez-le d'un peu de gélatine en poudre puis recouvrez avec la moitié de la fricassée de cèpes. Continuez à monter ainsi la terrine avec le reste des ingrédients.

Placez la terrine dans un plat à bords hauts allant au four. Versez de l'eau bouillante à mi-hauteur pour obtenir un bain-marie, puis enfournez et laissez cuire 45 min.

Sortez la terrine du four et laissez reposer à température ambiante pendant environ 1 h.

Placez au réfrigérateur pendant 2 jours pour que l'ensemble des parfums se diffuse.

Vous pourrez consommer cette terrine pendant 4 ou 5 jours.

Conseil. J'ai réalisé cette recette avec une poêlée de cèpes mais vous pouvez mettre aussi bien des morilles ou des champignons des bois.

Marbré de foie gras de canard aux betteraves crues

Pour 6 personnes

2 lobes de foie gras de canard déveinés de 400 g chacun • 150 g de betteraves crues • 12 g de sel • 3 g de poivre blanc du moulin

Préchauffez votre four à 110 °C (th. 3-4).

Lavez les betteraves et épluchez-les, puis coupez-les en rondelles de 1/2 cm d'épaisseur.

Écartez les lobes de foie gras de manière à obtenir 3 morceaux, puis, dans un plat à bords hauts, assaisonnez-les avec le sel et le poivre. Laissez ramollir à température ambiante pendant 1 h.

Dans le fond d'une terrine en porcelaine, placez un demi-lobe de foie gras et recouvrez-le de rondelles de betterave crue. Renouvelez l'opération avec le reste de foie gras et de betterave pour monter la terrine. Terminez par un demi-lobe de foie gras.

Placez la terrine dans un plat à bords hauts, versez de l'eau bouillante à mi-hauteur pour obtenir un bain-marie ; enfournez et laissez cuire pendant 1 h 20.

Sortez la terrine du four et laissez reposer à température ambiante pendant environ 1 h.

Placez sur votre terrine une planchette de bois de la même dimension, préalablement emballée dans une feuille de papier sulfurisé. Pressez avec une boîte de conserve (ou autre objet du même gabarit). Conservez au réfrigérateur pendant une douzaine d'heures.

À la sortie du réfrigérateur, démoulez la terrine et détaillez-la en tranches : le foie gras aura pris une belle couleur en dégradé.

CONSEIL. Dans cette recette, il n'est pas nécessaire d'ajouter du sucre, car il est apporté naturellement par la betterave.

Il est possible de réaliser cette terrine avec de fines tranches d'artichaut violet cru. La couleur vire au gris, mais le foie gras garde quand même une très jolie saveur.

Pressé de foie gras de canard aux légumes du marché

Pour 6 personnes

2 lobes de foie gras de canard déveinés de 450 g chacun • 1 c. à soupe de graisse de canard • 50 g de fécule de pomme de terre • 80 g de carottes nouvelles • 80 g de navets nouveaux • 1 poireau • 2 branches de céleri • 50 g de petits pois écossés frais • 5 g de sucre • 10 g de sel fin • gros sel (pour les légumes) • poivre du moulin

Lavez les légumes et épluchez-les. Taillez les carottes et les navets en petits dés de 1 cm de côté. Émincez finement le poireau et les branches de céleri. Faites cuire les légumes un à un dans de l'eau bouillante salée, puis refroidissez-les sous l'eau glacée et mélangez-les tous. Les légumes doivent avoir pris de belles couleurs et être encore croquants. Égouttez.

Dans une poêle bien chaude, faites fondre 1 c. à soupe de graisse de canard et faites revenir les légumes ; ajoutez le sucre puis vérifiez et corrigez l'assaisonnement. Débarrassez les légumes et réservez-les au chaud.

Coupez les lobes de foie gras de canard en deux dans la longueur, puis assaisonnez-les en sel fin et poivre du moulin. Panez-les dans la fécule de pomme de terre.

Dans une poêle très chaude, faites cuire les lobes de foie gras ainsi panés sur feu vif sans ajouter de matière grasse. Il faut que les foies prennent une belle couleur dorée de chaque côté et qu'une fourchette s'y pique sans résistance.

Prenez alors un demi-lobe de foie gras, égouttez-le, déposez-le dans le fond d'une terrine en porcelaine. Recouvrez d'un peu de fricassée de légumes. Placez un deuxième morceau de foie gras et renouvelez l'opération en terminant par le dernier demi-lobe de foie gras.

Placez sur votre terrine une planchette de bois de la même dimension, préalablement emballée dans une feuille de papier sulfurisé. Pressez avec une boîte de conserve (ou autre objet du même gabarit). Conservez au réfrigérateur pendant une douzaine d'heures.

À la sortie du réfrigérateur, lissez la terrine et nettoyez-la : elle est prête pour le service. Vous pourrez consommer cette terrine pendant 3 ou 4 jours.

Conseil. Harmonisez votre fricassée de légumes en prenant des légumes verts en été (pointes d'asperge, petits pois, pois gourmands, haricots verts...) ; utilisez les restes de légumes d'un pot-au-feu ou, pour une touche provençale, quelques légumes grillés (courgettes, aubergines, poivrons).

Foie gras de canard rôti au pop-corn

Pour 6 personnes

1 lobe de foie gras de canard non déveiné d'environ 500 g • 200 g de pop-corn au caramel • 50 g de sucre • sel • poivre du moulin

Préchauffez votre four à 220 °C (th. 7-8).

Assaisonnez le lobe de foie gras sur toutes ses faces en sel fin et en poivre du moulin. Déposez-le sur une grille allant au four et placez la grille sur une plaque pour récupérer la fonte du lobe. Laissez reposer le foie gras à température ambiante pendant environ 20 min puis enfournez et laissez cuire pendant 15 à 20 min.

À la sortie du four, laissez-le revenir à température ambiante pendant 30 min, puis placez le lobe rôti au réfrigérateur jusqu'à ce qu'il redevienne bien ferme, au bout de 4 à 5 h.

Préparez un caramel : dans une casserole bien propre, versez le sucre et quelques gouttes d'eau et faites chauffer sur feu vif en remuant. Lorsque le sucre commence à prendre un peu de couleur, retirez du feu et plongez le fond de la casserole dans de l'eau froide afin d'arrêter la cuisson.

Sortez le lobe de foie gras du réfrigérateur, remettez-le sur la grille, puis nappez-le de caramel encore tiède.

Concassez le pop-corn très rapidement au cutter ou au hachoir électrique. Attention, il faut que le pop-corn soit juste concassé et non réduit en poudre. Parsemez-en ensuite le caramel encore tiède.

Replacez le foie gras au frais pendant 2 à 3 h. Le caramel va durcir et coller le pop-corn sur le foie gras. Attention, votre réfrigérateur doit être bien sec.

CONSEIL. Vous pouvez réaliser cette recette avec du pop-corn salé. Dans ce cas, faites attention à votre assaisonnement de base. Il est possible d'épicer légèrement le pop-corn en le saupoudrant de l'épice de votre choix.

Le foie gras sera servi entier, découpé en tranches devant les convives et accompagné d'une salade croquante assaisonnée à l'huile de pépin de raisin et au vinaigre de framboise.

Foie gras de canard rôti aux céréales

Pour 6 personnes

1 lobe de foie gras de canard non déveiné d'environ 500 g • 200 g de céréales ou de muesli • 30 cl de liqueur de cerise • fleur de sel • mignonnette de poivre

Placez le lobe de foie gras dans un plat creux, versez la liqueur de cerise dessus et laissez-le mariner 1 h à température ambiante.

Préchauffez votre four à 220 °C (th. 7-8).

Égouttez le foie gras, déposez-le sur une grille allant au four et glissez une plaque sous la grille afin de récupérer les graisses pendant la cuisson.

Assaisonnez le foie avec la fleur de sel et la mignonnette de poivre, puis enfournez pour une durée de 15 à 20 min.

Sortez le foie du four lorsqu'il a pris une jolie couleur, puis parsemez-le aussitôt de céréales ou de muesli.

Laissez le foie revenir à température ambiante pendant 1 h, puis placez-le au frais pendant 4 à 5 h afin qu'il redevienne bien dur.

Au moment du service, découpez le foie en tranches fines et placez-les sur une salade de tétragone préalablement assaisonnée avec une huile de noisette et du vinaigre de cidre.

Ce foie gras de canard aux céréales pourra se conserver de 4 à 5 jours maximum.

Conseil. Il vous est possible de varier les céréales selon vos envies. Vous pouvez aussi aller chercher dans un magasin bio des céréales moins connues, mais tout aussi riches en vitamines.

Foie gras de canard rôti aux épices

Pour 6 personnes

1 lobe de foie gras de canard non deveiné d'environ 500 g • 1 c. à café de cannelle en poudre • 1 c. à café de cumin en poudre • 1 c. à café de gingembre en poudre • 1 c. à café de quatre-épices • 1 c. à café de ras-el-hanout • 1 gousse de vanille • sel fin • poivre du moulin

Préchauffez votre four à 220 °C (th. 7-8).

Assaisonnez le lobe de foie gras sur toutes ses faces en sel fin et poivre du moulin. Déposez-le sur une grille allant au four et glissez une plaque sous la grille pour récupérer la graisse de cuisson. Enfournez et laissez cuire pendant 10 min.

Ouvrez la gousse de vanille et grattez l'intérieur afin de récupérer les graines.

Sortez le foie gras du four et recouvrez-le de l'ensemble des épices, préalablement mélangées, ainsi que des graines de vanille. Enfournez à nouveau pour 10 min. À la fin de la cuisson, sortez le foie du four et laissez-le revenir à température ambiante avant de le placer au réfrigérateur pendant 4 à 5 h, jusqu'à ce qu'il redevienne bien dur.

Découpez le foie gras en tranches de taille moyenne avant de le présenter sur une salade de feuilles de céleri assaisonnée d'huile de truffe et de vinaigre balsamique.

Durée de conservation : de 4 à 5 jours au frais.

Conseil. Vous pouvez réaliser vous-même votre mélange d'épices. Il faut obtenir un équilibre parfait afin que ce mélange ne soit ni trop fort ni trop doux. Attention, certaines épices, comme le safran, ne parfumeront pas le foie gras et n'apporteront rien !

Foie gras de canard rôti en croûte de fleur de sel de Guérande

Pour 6 personnes

1 lobe de foie gras de canard non deveiné d'environ 500 g • 400 g de fleur de sel de Guérande • 1 œuf entier • 3 blancs d'œuf • 150 g de farine • 10 g de mignonnette de poivre

Préchauffez votre four à 220 °C (th. 7-8).

Préparez la pâte à sel : mélangez dans un saladier la moitié de la fleur de sel avec la farine et les blancs d'œuf. Ajoutez un tout petit peu d'eau et malaxez afin d'obtenir une pâte homogène. Laissez reposer 1 h puis, à l'aide d'un rouleau à pâtisserie, étalez la pâte sur un plan de travail fariné jusqu'à l'obtention d'une feuille de 1/2 cm d'épaisseur et placez au centre de celle-ci le lobe de foie bien froid. Assaisonnez avec un peu de mignonnette de poivre, puis refermez la pâte à sel en veillant à ce qu'elle recouvre entièrement le lobe.

Cassez l'œuf entier et battez-le ; badigeonnez-en toute la croûte de sel.

Placez le lobe sur une feuille de papier aluminium dans un plat allant au four et saupoudrez-le du reste de fleur de sel. Enfournez et laissez cuire pendant 10 min. Faites ensuite descendre la température du four à 180 °C (th. 6) et poursuivez la cuisson pendant 20 min.

Sortez le plat du four et laissez le foie gras revenir à température ambiante.

Pour la dégustation de ce foie gras, deux possibilités s'offrent à vous : si vous le servez tiède, découpez la croûte de sel, retirez le foie gras et le découpez-le. Accompagnez-le d'une compotine d'oignons ou d'une tombée de choux verts ; si vous souhaitez le servir froid, placez-le au réfrigérateur pendant 3 à 4 h puis cassez la croûte de sel avant d'extraire le lobe et de le découper froid. Servez-le alors sur un lit de salade.

Ce foie gras se conservera au frais de 3 à 4 jours.

Conseil. Vous pouvez parfumer votre croûte de sel avec des herbes de Provence sèches, un mélange aux cinq poivres, quelques fleurs des champs ou un concassé d'herbes fraîches, ce qui donnera une légère infusion à la cuisson du foie gras, comme en cocotte.

Foie gras de canard rôti aux herbes potagères

Pour 6 personnes

1 lobe de foie gras de canard non déveiné d'environ 500 g • 2 bottes de persil frisé • 1 botte d'estragon • 2 bottes de cerfeuil • 1 botte de ciboulette • 1 botte d'aneth • 3 feuilles de gélatine • sel fin • poivre du moulin

Lavez puis effeuillez l'ensemble des herbes. Hachez très finement les 3/4 de ces herbes dans un robot. Placez le mélange d'herbes au centre d'un chiffon en coton bien propre. Pressez le mélange afin d'en extraire le jus. Assaisonnez ce jus en sel et en poivre du moulin, puis mettez le foie gras à mariner dans ce liquide pendant 2 à 3 h.

Préchauffez votre four à 220 °C (th. 7-8).

Égouttez le foie gras et réservez le jus des herbes. Déposez le foie sur une grille allant au four et glissez une plaque sous la grille pour récupérer la graisse de cuisson. Enfournez et laissez cuire pendant 15 à 20 min.

Sortez le foie du four et laissez-le revenir à température ambiante avant de le mettre au réfrigérateur pendant 2 à 3 h.

Pendant ce temps, faites ramollir les feuilles de gélatine dans très peu d'eau tiède, puis faites bouillir. Lorsque la gélatine est totalement dissoute, laissez-la revenir à température ambiante et versez-la sur le jus des herbes. Mélangez et laissez prendre au frais. Lorsque la gelée devient visqueuse, nappez-en le lobe de foie gras.

Concassez grossièrement le reste des herbes et saupoudrez-en le lobe afin qu'elles collent à la gelée.

Replacez le foie au frais pour 2 à 3 h puis, au moment du service, découpez-le en tranches épaisses. Présentez-les sur un émincé d'endives finement coupées et assaisonné d'une vinaigrette à base de moutarde à l'ancienne, de vinaigre de vin vieux et d'huile d'arachide.

Ce foie gras se conservera au frais de 4 à 5 jours.

Conseil. Vous pouvez choisir d'autres herbes pour le mélange, y ajouter de la menthe ou des herbes à tisane, type verveine ou tilleul, ou des herbes de montagne ou de campagne pour personnaliser votre recette.

Foie gras de canard rôti au concassé de mendiant et fruits mûrs

Pour 6 personnes

1 lobe de foie gras de canard entier non déveiné de 450 g • 15 g de pruneaux • 15 g d'abricots secs • 15 g de raisins de Smyrne • 50 g de miel de montagne • 30 g de pistaches • 30 g de noix de cajou • 30 g d'amandes émondées • 30 g de pignons de pin • 15 g de raisins secs blonds • 5 g de fleur de sel fin • 1 g de poivre du moulin

Sortez le lobe de foie gras du réfrigérateur et laissez-le reposer pendant 1 h à température ambiante.

Dans une petite casserole, faites légèrement chauffer le miel puis assaisonnez en sel et en poivre. Lorsque le miel est fondu et bien fluide, badigeonnez-en le foie gras au pinceau. Replacez-le au réfrigérateur afin de le laisser se parfumer et mariner pendant au moins 1 h.

Préchauffez votre four à 220 °C (th. 7-8).

Placez le foie gras sur une grille allant au four et glissez une plaque sous la grille afin de récupérer la fonte du foie à la cuisson. Enfournez et laissez cuire pendant 15 à 20 min.

Pendant ce temps, concassez grossièrement le mendiant (pistaches, noix de cajou, amandes émondées, pignons de pin) au mixeur puis coupez les abricots et les pruneaux en petits morceaux.

Mélangez l'ensemble de ces ingrédients dans un petit saladier.

Sortez le foie gras du four et recouvrez-le entièrement du mendiant. Laissez-le reposer à température pendant 1 h avant de le placer au réfrigérateur pendant 4 à 5 h.

Lorsque le foie gras sera bien frais et dur, découpez-le en tranches fines et servez-le accompagné d'une salade feuille-de-chêne assaisonnée d'un peu d'huile de noix et de quelques gouttes de vinaigre balsamique.

Ce foie gras se conservera au frais de 4 à 5 jours.

CONSEIL. Vous pouvez personnaliser votre recette en choisissant une autre sorte de mendiant. Le choix du mendiant doit cependant rester cohérent… Il en existe des mélanges tout prêts qui se dégustent à l'apéritif. Vous pouvez aussi choisir des mélanges plus exotiques à base de banane, coco, goyave et autres.

LES PATIENCES

Banderilles de foie gras de canard en tagliatelles de céleri craquant

Pour 20 banderilles

1 lobe de foie de canard de 400 g • 200 g de céleri boule • 3 g de graines de moutarde • 3 c. à soupe de porto blanc • 5 g de sel • 2 g de poivre blanc

20 piques en bois

Déveinez le foie gras (selon la méthode définie dans l'avant-propos).

Dans un plat, assaisonnez le lobe avec le sel, le poivre et les graines de moutarde. Versez par-dessus le porto blanc et laissez mariner de 2 à 3 h. Placez ensuite dans une terrine et recouvrez de plusieurs couches de film alimentaire, de façon que la terrine soit hermétique.

Déposez la terrine dans une casserole d'eau frémissante et laissez cuire 30 min environ. Sortez la terrine, laissez-la reposer à température ambiante pendant 1 h, puis placez-la au frais.

Le foie gras à la graine de moutarde doit s'épanouir dans le réfrigérateur au moins 2 jours avant la confection des banderilles. Il ne pourra ensuite se conserver que de 4 à 6 jours.

Pour confectionner les banderilles, épluchez la boule de céleri, taillez-la en très fines tranches et retaillez-les en petites tagliatelles de 1,5 à 2 cm de large.

Parallèlement, découpez dans la terrine de foie gras des petits cubes de 1,5 cm de côté.

Sur les piques en bois, enchevêtrez les tagliatelles de céleri et intercalez des petits cubes de foie gras. Confectionnez ainsi les 20 banderilles. Placez-les sur le tour d'une assiette et présentez à l'apéritif. Le craquant du céleri se mêlera parfaitement au fondant du foie gras. D'autres dressages plus périlleux sont réalisables avec un peu de patience.

Conseil. Ces petites banderilles peuvent être confectionnées avec du foie gras de canard ou avec du foie gras d'oie. Le parfum donné au foie varie selon le légume utilisé. Vous pourrez ainsi confectionner un foie gras au piment d'Espelette et des tagliatelles de courgettes grillées.

Rissoles de châtaigne au foie gras et pépites de noisette

Pour 6 personnes

1 petit lobe de foie gras de canard cru • 2 c. à soupe de noisettes concassées • huile de friture

Pour la pâte à pain : 1 c. à café de levure de boulanger • 200 g de farine de blé • 150 g de farine de châtaigne • 1 c. à café de sel

Confectionnez la pâte à pain : dans un saladier, mélangez les deux farines et le sel. Diluez la levure dans 18 cl d'eau tiède, puis mélangez-la aux farines.

Ajoutez les noisettes concassées à la pâte, et laissez-la doubler de volume à température ambiante.

Découpez le foie de canard en petits cubes d'environ 2 cm de côté.

Étalez la pâte à pain, puis découpez des disques d'environ 4 cm de diamètre en vous servant d'un petit verre comme emporte-pièce. Placez un petit cube de foie gras au centre de chaque disque, puis refermez les bords de la pâte et confectionnez des petites billes dans le creux de vos mains.

Faites chauffer l'huile de friture à 180 °C et plongez-y les rissoles. Laissez-les dorer de 4 à 5 min, puis égouttez-les sur un papier absorbant. Servez ces petites rissoles chaudes à l'apéritif.

Conseil. Variez les saveurs de votre pâte à pain.

Pour plus de facilité, vous pouvez acheter des rouleaux ou des boules de pâte à pain en grande surface ou chez votre boulanger. Il vous suffira alors d'y incorporer un concassé de noisettes, quelques amandes grillées ou un concassé d'herbes fraîches.

Le foie gras peut être de canard ou d'oie.

Bonbons de foie gras de canard

Pour 6 bonbons

30 g de foie gras de canard ou d'oie en terrine nature • 6 gros grains de raisin • 1 œuf • 3 feuilles de filo ou feuilles de brik

Préchauffez votre four à 200 °C (th. 6-7).

Détaillez le foie gras en 6 petits cubes.

Ouvrez les grains de raisin en deux, sans les séparer. Épépinez-les et grattez-les légèrement à l'intérieur. Insérez au centre de chaque grain un petit dé de foie gras.

Étalez les feuilles de brik ou de filo sur le plan de travail puis, à l'aide d'un pinceau, badigeonnez-les de l'œuf entier préalablement battu.

Découpez les feuilles en rectangles assez grands, placez au centre un grain de raisin puis refermez et donnez la forme de petits bonbons.

Déposez les bonbons sur la plaque du four, enfournez et laissez cuire de 2 à 3 min maximum. Lorsque les bonbons sont légèrement colorés, sortez-les du four et disposez-les dans le plat de service.

Ces petits bonbons peuvent être servis tièdes ou froids.

Conseil. Dans cette recette, le raisin protège le foie gras et l'empêche de fondre dans le four. Vous pouvez remplacer le raisin par tout autre fruit ou légume, que je vous laisse le soin de choisir.

Fagots de foie gras de canard en feuilles de magret fumé

Pour 6 personnes

60 g de foie gras de canard nature en terrine • 12 tranches de magret de canard fumé avec gras • 1/2 botte de ciboulette • gros sel • fleur de sel de Guérande

Placez les tranches de magret les unes contre les autres sur une feuille de film alimentaire.

Détaillez le foie gras en petites baguettes de 1 cm de large, puis placez-les au centre des tranches de magret. Repliez les tranches afin de former des petits boudins.

Portez une casserole d'eau à ébullition avec du gros sel et faites-y blanchir les brins de ciboulette 5 s , puis plongez-les immédiatement dans une eau glacée. Utilisez ces brins pour nouer très régulièrement les petits boudins de magret au foie gras.

Découpez les boudins en tronçons entre les liens de ciboulette. Parsemez-les de quelques grains de fleur de sel et servez.

CONSEIL. Vous pouvez réaliser ces petits boudins avec un foie gras de canard ou d'oie. Vous pouvez aussi parfumer votre foie gras.

Si vous utilisez un magret de canard fumé entier, coupez-le à plat en tranches fines avec une machine à jambon pour faciliter la confection des boudins.

Cake
au foie gras

Pour 6 personnes

150 g de foie gras de canard cru (ou foie gras d'oie cru) • 150 g de magret de canard fumé • 1 c. à soupe de graisse de canard ou d'oie • 3 œufs de calibre moyen • 150 g de farine de blé type 55 • 1 sachet de levure • 12 cl de lait entier • 1 pincée de sel • 2 pincées de poivre

Préchauffez votre four à 180 °C (th.6).

Préparez la pâte à cake : dans un saladier, mélangez la farine et la levure, ajoutez le sel et le poivre puis cassez les œufs et mélangez afin d'obtenir une pâte homogène. Faites chauffer le lait et faites-y fondre la graisse de canard. Versez sur la préparation aux œufs et mélangez.

Détaillez le foie gras en petits dés et placez-les quelques minutes dans le bac à glaçons du réfrigérateur.

Découpez le magret de canard en fine julienne.

Incorporez le tout à la pâte à cake.

Mettez la pâte dans un moule à cake puis enfournez et laissez cuire de 40 à 45 min. Pour vérifier la cuisson, piquez le cake avec la pointe d'un couteau : elle doit ressortir sèche.

Juste avant de servir, détaillez le cake en fines tranches puis en petits triangles. Faites-les réchauffer légèrement au four ou au gille-pain et servez tiède.

CONSEIL. Vous pouvez cuire le cake dans des petits moules individuels en silicone. Il faut, dans ce cas, réduire le temps de cuisson à environ 20 min, selon la taille des moules. Vous pouvez aussi parsemer les petits cakes d'amandes effilées grillées ou de noisettes concassées.

Vous pouvez ajouter un peu de gruyère râpé à la pâte pour apporter un peu de souplesse au cake.

Croustade de foie gras de canard poêlé au vieux porto

Pour 6 personnes

100 g de foie gras de canard cru (ou foie gras d'oie) • 1 c. à café de fleur de sel

Pour la pâte : 100 g de graisse d'oie ou de canard • 250 g de farine • 1 pincée de quatre-épices • 1 c. à café de sel fin • poivre du moulin

Pour la fondue de chou vert : 1 c. à soupe de graisse d'oie ou de canard • 100 g de chou vert • 3 g de baies de genièvre • 10 cl de porto • 2 c. à soupe de vinaigre balsamique • sel fin • poivre du moulin

Préchauffez votre four à 180 °C (th. 6).

Confectionnez la pâte : dans un saladier, versez la farine et faites un puits sur le dessus. Faites tiédir la graisse d'oie ou de canard, salez, poivrez, ajoutez le quatre-épices puis versez-la dans le puits de farine. Mélangez l'ensemble jusqu'à obtention d'une pâte. Attention, ne la travaillez pas trop, il ne faut pas qu'elle soit élastique. Laissez-la reposer à température ambiante 30 min environ.

Préparez la fondue de chou vert : épluchez et lavez les feuilles de chou, ciselez-les finement.

Dans une casserole, faites fondre la graisse de canard ou d'oie, puis faites revenir le chou. Ajoutez quelques baies de genièvre et laissez fondre doucement ; lorsque le chou est totalement fondu, ajoutez la moitié du porto et le vinaigre balsamique. Laissez mijoter à feu doux une quinzaine de minutes, vérifiez et corrigez l'assaisonnement, puis réservez au chaud.

Confectionnez les croustades : sur un plan de travail fariné, étalez la pâte à l'aide d'un rouleau à pâtisserie sur une épaisseur de 3 mm. Détaillez des petits ronds et formez des petits moules.

Enfournez et laissez cuire de 10 à 12 min. Lorsque les petites coquelines sont colorées, sortez du four.

Dans le foie gras cru, taillez de toutes petites escalopes.

Au moment du service, garnissez les croustades d'un peu de confit de chou et laissez reposer sur la porte du four.

Dans une poêle très chaude, poêlez les petites escalopes de foie gras en un aller-retour.

Déglacez avec le reste du porto et déposez-les une à une sur les croustades. Parsemez de quelques grains de sel et servez aussitôt.

Conseil. Il est possible de confectionner la compotine au gré des saisons. En été, vous pourrez ainsi garnir les croustades d'une ratatouille. Le foie gras sera alors un foie gras frais, de canard ou d'oie.

Minestrone de légumes d'été aux crémeux de foie gras

Pour 6 verrines

50 g de foie gras d'oie tradition en terrine • 100 g de poivrons verts • 100 g de courgettes • 100 g d'aubergines • 1 petite botte de thym • 5 cl d'huile d'olive • 8 cl de crème liquide • sel et poivre

Lavez les légumes puis détaillez-les en tout petits dés.

Dans une poêle, sur feu vif, faites chauffer l'huile d'olive sans la faire brûler, puis faites-y revenir les poivrons verts. Ajoutez ensuite les aubergines, puis les courgettes. Faites revenir le tout de 2 à 3 min. Ajoutez le thym. Une fois les légumes bien mêlés et croquants, réservez au frais.

Passez le foie gras au mixeur afin d'obtenir une purée.

Dans un saladier, fouettez la crème liquide bien froide et faites-la monter en chantilly. Incorporez-la à la purée de foie gras. Vérifiez l'assaisonnement et conservez au frais.

Remplissez à moitié des petits verres à vodka de minestrone de légumes, puis recouvrez de crème chantilly au foie gras ; décorez d'une brindille de thym. Gardez au frais.

CONSEIL. Pour adapter cette recette aux saisons, il est possible de confectionner le minestrone avec des légumes d'hiver, ou avec quelques légumes récupérés d'un très bon pot-au-feu.

Sucettes de foie gras de canard en cheveux d'ange

Pour 6 personnes

50 g de foie gras de canard tradition en terrine

Pour les cheveux d'ange : 15 morceaux de sucre blanc • 3 c. à soupe de vin liquoreux ou d'eau • 2 gouttes de vinaigre

Confectionnez des petites billes de foie gras et moulez-les dans le creux de vos mains. Piquez-les sur des piques en bois et réservez au frais.

Confectionnez un caramel : dans une casserole à fond épais, faites fondre les morceaux de sucre avec le vin sur feu doux. Remuez avec une cuillère en bois bien propre et bien sèche. Une fois le sucre fondu, augmentez le feu. Surveillez la coloration progressive du caramel sans remuer à la cuillère, mais remuez la casserole de temps en temps pour uniformiser la couleur. Éteignez le feu lorsque le caramel a pris une jolie couleur dorée. Attention de ne pas laisser le caramel colorer trop fort : il aurait un goût amer. Pour qu'il reste liquide plus longtemps, ajoutez doucement 2 gouttes de vinaigre, en fin de cuisson et hors du feu. Plongez alors le fond de la casserole dans l'eau froide pour arrêter la cuisson.

Pour confectionner les cheveux d'ange, plongez une fourchette dans la casserole et ressortez-la en tirant de grands fils de caramel. Laissez retomber en filaments sur un papier sulfurisé préalablement beurré.

Sortez ensuite les sucettes du réfrigérateur puis, aux ciseaux, coupez des petites mèches de cheveux d'ange et enroulez-les sur les billes de foie gras avant que le caramel ne durcisse. Attention, cette opération est délicate : pour pouvoir enrouler le caramel, il ne faut pas attendre qu'il soit totalement froid.

CONSEIL. Vous pouvez utiliser un foie gras parfumé. Les cheveux d'ange peuvent être confectionnés avec un caramel neutre ou parfumé avec un vin liquoreux. Il existe dans certaines grandes surfaces de la barbe à papa en petits seaux : vous pouvez vous en servir pour habiller vos billes de foie gras ; ce sera original, mais de goût moins fin.

Dauphine de foie gras

Pour 6 personnes

50 g de foie gras de canard en terrine • 80 g de graisse d'oie ou de canard • 500 g de pommes de terre farineuses • 4 œufs • 125 g de farine • 25 cl de lait ou d'eau • 3 l d'huile pour friture • muscade • sel fin • gros sel • poivre du moulin

Préchauffez votre four à 180 °C (th. 6).

Lavez les pommes de terre et déposez-les dans un plat rempli de gros sel. Enfournez et laissez cuire 40 min. Sortez les pommes de terre du four, coupez-les en deux encore chaudes. À l'aide d'une cuillère à soupe, retirez toute la pulpe et passez-la au presse-purée ou au tamis.

Dans une casserole, faites chauffer le lait ou l'eau. Ajoutez la graisse de canard ou d'oie et portez à ébullition. Retirez du feu et incorporez la farine préalablement tamisée afin d'éviter les grumeaux. Mélangez à l'aide d'une cuillère en bois puis faites sécher la pâte sur feu doux. Hors du feu, incorporez un œuf. Remuez énergiquement, puis ajoutez un deuxième œuf, remuez à nouveau et ajoutez les deux derniers ; salez, poivrez et ajoutez la muscade.

Incorporez la pulpe de pomme de terre à cette pâte.

Découpez la terrine de foie gras en petits cubes et incorporez-les au mélange précédent.

Dans une friteuse, faites chauffer l'huile à 170 °C.

Placez le mélange dans une poche à pâtisserie et confectionnez des petites billes au-dessus de l'huile bouillante. Laissez-les frire de 2 à 3 min, puis égouttez-les sur du papier absorbant et assaisonnez de sel fin.

Servez ces petites dauphines de foie gras bien chaudes à l'apéritif.

Conseil. Faites évoluer cette recette en incorporant à la pâte un hachis d'herbes fraîches ou en utilisant un foie gras d'oie.

Des billes de plus gros calibre pourront être utilisées comme garniture pour un plat.

Ficelles de foie gras de canard aux épices douces

Pour 6 personnes

1 lobe de foie gras de canard de 400 g • 1 ficelle de campagne • 10 g de paprika • 10 g de cumin en poudre • 10 g de cannelle • 2 g de sucre • 10 g de fleur de sel de Guérande • 5 g de sel fin • 2 g de poivre

Laissez ramollir le lobe de foie gras à température ambiante pendant environ 1 h avant de le déveiner (selon la méthode définie dans l'avant-propos). Vous pouvez demander à votre boucher ou à votre volailler de vous procurer un foie déjà déveiné.

Dans un plat, assaisonnez le foie en sel, poivre et sucre. Séparez le lobe en 3 parties égales puis ajoutez sur chacune une pincée d'épices : paprika sur l'une, cumin sur la deuxième et cannelle sur la dernière.

Sur des morceaux de film étirable doublés, déposez une feuille de papier sulfurisé et placez un morceau de foie aux épices, puis confectionnez une petite ficelle d'environ 4 cm de diamètre en roulant le film. La ficelle doit être de forme cylindrique très régulière et bien serrée dans le film. Renouvelez l'opération avec les deux autres préparations de foie gras aux épices.

Portez une casserole d'eau à ébullition. Plongez les 3 ficelles aux épices dans l'eau frémissante, et recouvrez-les d'une assiette pour qu'elles soient en immersion totale. Laissez cuire à frémissement de 6 à 7 min.

Sortez les ficelles de l'eau, placez-les dans un plat et laissez reposer à température ambiante de 10 à 15 min avant de les mettre au réfrigérateur pour au moins 2 jours, afin de permettre à tous les parfums de se développer et de se mêler.

Avant de servir, déballez les ficelles de foie gras, puis placez chacune sur un plat différent afin de pouvoir bien distinguer les parfums. Coupez les ficelles en petites tranches et posez-les sur des rondelles de ficelle de pain légèrement grillées au four. Disposez dans une assiette de service et parsemez quelques grains de fleur de sel.

Ces ficelles de foie gras ne se conserveront pas plus de 3 jours.

CONSEIL. Vous pouvez utiliser d'autres épices, pour des goûts et des couleurs différents.

Fruits mûrs déguisés au foie gras

Pour 6 personnes

150 à 200 g de foie gras de canard en terrine • 6 belles dattes séchées • 6 beaux pruneaux moelleux • 6 abricots secs moelleux • 6 belles figues moelleuses

Dénoyautez les dattes et les pruneaux ; ouvrez les abricots et les figues en deux.

Découpez le foie gras en petites parcelles de 5 g pour les dattes, les pruneaux et les abricots, et de 10 g pour les figues. Garnissez les fruits un à un de foie gras en le dissimulant complètement.

Réservez au réfrigérateur.

Dressez les fruits déguisés dans un panier en mariant les couleurs, et faites sensation à l'apéritif.

Conseil. Il est possible de sophistiquer cette recette en préparant le foie gras différemment pour chaque fruit : le foie gras aux dattes pourra être parfumé avec un alcool de datte, le foie gras aux pruneaux avec un vin de noix, celui aux abricots avec une liqueur de pêche de vigne, et un peu de boukha dans celui aux figues lui donnera une touche orientale.

Vous pouvez également choisir d'autres fruits, séchés ou confits, et utiliser du foie gras en bloc.

Mini-blinis allégés de foie gras au pavot bleu

Pour 6 personnes

Pour la pâte à blinis : 3 œufs • 250 g de farine • 15 g de levure de boulanger • 1 c. à café de sucre en poudre • 30 g de beurre • 25 cl de lait demi-écrémé • 1 c. à café de sel • 2 c. à soupe d'huile

Pour la crème de foie gras : 40 g de foie gras de canard tradition en terrine • 1/2 botte de cerfeuil • 1 pincée de graines de pavot bleu • 20 g de beurre de truffe • 1 pincée de fleur de sel de Guérande

Commencez par confectionner les blinis : faites tiédir le lait. Dans un petit bol, délayez la levure de boulanger dans 10 cl de lait. Dans un autre bol, faites fondre le beurre dans le lait restant.

Dans un saladier, mélangez la farine avec le sucre, le sel et les jaunes d'œuf. Réservez les blancs au frais. Mélangez, puis versez lentement la levure délayée et le lait tiédi avec le beurre. Mélangez correctement cette pâte afin qu'elle soit lisse, fluide et sans grumeaux. Couvrez d'un linge humide et laissez reposer à température ambiante pendant environ 2 h.

Avant de faire cuire les blinis, battez les blancs d'œuf en neige. Incorporez-les délicatement à la pâte à l'aide d'une spatule en bois.

Faites chauffer une poêle sur feu vif, huilez-la généreusement et versez une louche de pâte pour former un disque de 5 mm d'épaisseur. Faites cuire de 30 à 40 s sur chaque face. Réservez les blinis dans une assiette et laissez-les reposer à température ambiante.

Détaillez les blinis en disques de 3 cm de diamètre à l'aide d'un petit emporte-pièce.

Préparez la crème de foie gras aux truffes : dans le bol d'un mixeur, placez le foie gras et le beurre de truffe, préalablement réduit en pommade à température ambiante. Mixez l'ensemble sans que le mélange devienne trop liquide.

Mettez le beurre de foie gras dans une poche à pâtisserie munie d'une douille cannelée. Recouvrez-en tous les mini-blinis, puis parsemez-les de quelques grains de fleur de sel et de quelques graines de pavot bleu. Décorez d'une pluche de cerfeuil.

Réservez les petits blinis au frais et servez à l'apéritif.

CONSEIL. Vous pouvez confectionner cette recette avec des blinis achetés dans le commerce, mais choisissez-les, si possible, de très bonne qualité.

Il est possible de panacher la farine avec du sarrasin.

Quant à la crème de foie gras, elle peut être agrémentée de bien d'autres saveurs, épicées ou sucrées.

Petits œufs de caille au foie gras

Pour 6 personnes

40 g de foie gras tradition en terrine d'oie ou de canard • 6 œufs de caille • 1/2 botte de ciboulette • 1 pincée de fleur de sel

Faites cuire les œufs de 6 à 7 min dans de l'eau bouillante, puis laissez-les refroidir avant de les écaler. Coupez-les en deux puis récupérez le jaune.

Placez le foie gras et les jaunes d'œuf dans le bol d'un un mixeur ; mixez jusqu'à l'obtention d'une crème lisse et sans grumeaux de la consistance d'une mayonnaise bien ferme.

Mettez la farce dans une poche à pâtisserie munie d'une douille cannelée, puis remplissez les blancs d'œuf. Décorez de quelques grains de fleur de sel et de ciboulette préalablement lavée puis taillée en petits brins.

Réservez au frais et servez à l'apéritif.

CONSEIL. Ces petits œufs de caille raviront vos apéritifs ; pour composer une très belle entrée, réalisez cette recette avec des œufs de poule et servez accompagné d'une salade feuille-de-chêne assaisonnée à l'huile de noix.

Petits rochers de foie gras de canard au concassé de mendiant

Pour 6 personnes, soit 30 petits rochers

300 g de foie gras de canard nature • 30 g de raisins de Smyrne • 30 g de noisettes • 30 g de pistaches • 30 g d'amandes effilées • 30 g de pignons de pin

Préchauffez votre four à 170 °C (th. 5-6).

Placez les noisettes et les amandes dans deux plats sans les mélanger, enfournez-les et, lorsqu'elles auront pris une jolie couleur dorée, sortez-les du four et laissez-les refroidir.

Concassez les pistaches, les pignons de pin, les noisettes et les amandes sans les mélanger, bien entendu. Vous pouvez concasser ce mendiant à l'aide d'un grand couteau ou avec un petit mixeur électrique. Attention, la consistance est le secret de cette recette : il faut donc seulement les concasser et non les réduire en poudre, afin de marier le fondant du foie gras au craquant du mendiant.

Une fois les différents concassés réalisés, sortez le foie gras du réfrigérateur puis détaillez-le en 30 petits cubes d'environ 10 g chacun. Roulez-les dans vos mains pour obtenir des petites billes. Roulez ensuite 6 billes dans chaque type de brisure et dans les raisins de Smyrne, puis placez-les au frais jusqu'au service.

Conseil. Servez ces petits rochers bien frais à l'apéritif.

Il est possible d'apporter un peu de fantaisie gourmande à cette recette en parfumant le foie gras avec divers alcools ou épices, en utilisant un foie gras d'oie, ou encore en multipliant les ingrédients du mendiant.

Sandwich de foie gras de canard au pain d'épice

Pour 6 personnes

50 g de foie gras de canard tradition en terrine

Pour le pain d'épice : 60 g de miel mille fleurs • 1/2 c. à café de mélange quatre-épices (gingembre, cannelle, girofle, muscade) • 1/2 c. à café d'anis vert en grains • 1 sachet de levure chimique • 150 g de farine de blé type 55 • 25 g de farine de blé noir ou de sarrasin • 25 g de sucre roux • quelques gouttes de fleur d'oranger • 5 cl de crème liquide

Préchauffez votre four à 170 °C (th. 5-6).

Dans le bol d'un robot, mélangez la totalité des ingrédients pour préparer le pain d'épice, puis beurrez un moule à cake et versez-y le mélange. Enfournez et laissez cuire 45 min environ. Vérifiez la cuisson du pain d'épice en le piquant de la pointe d'un couteau : elle doit ressortir sèche. Démoulez le pain d'épice et laissez-le refroidir.

Lorsque le pain d'épice est à température ambiante, coupez-le en tranches de 4 mm d'épaisseur environ, puis taillez des tranches de la même épaisseur dans le foie gras et confectionnez des sandwichs.

Détaillez des petits losanges dans les sandwichs puis réservez au frais. Servez à l'apéritif.

Conseil. Je vous ai donné une recette de pain d'épice simplissime : vous pouvez, bien entendu, utiliser la vôtre, à condition qu'elle ne soit pas trop sucrée.

Petite astuce : beurrez très légèrement le pain d'épice avant d'y déposer le foie gras. Cela lui éviterait de corner si toutefois il séchait.

Apportez un peu de fantaisie à vos sandwichs en les parsemant de graines d'anis ou de pavot qui leur donneront du croquant, ou encore en utilisant un foie gras parfumé.

Verrines de lentilles vertes et brunoise de foie gras

Pour 6 personnes

80 g de foie gras de canard nature en terrine • 100 g de lentilles vertes du Puy séchées • 75 cl de bouillon de poule • 2 branches de céleri • 1/2 botte d'estragon • 3 c. à soupe d'huile de noisette • sel fin • gros sel • poivre du moulin

Dans une casserole d'eau froide, faites tremper les lentilles de 2 h à 2 h 30 puis égouttez-les. Remettez-les dans la casserole vidée de son eau, ajoutez un peu de gros sel, une branche de céleri et mouillez d'une fois et demie le volume avec de l'eau ou du bouillon de poule. Laissez cuire à frémissement jusqu'à ce que les lentilles soient bien gonflées et croquantes. Égouttez, versez dans un saladier et réservez au frais.

Coupez le foie gras en tout petits dés et faites de même avec la seconde branche de céleri.

Mélangez les lentilles avec le foie gras, le céleri, l'huile de noisette et la 1/2 botte d'estragon préalablement lavée et concassée ; rectifiez l'assaisonnement.

Préparez des petites verrines : remplissez des petits verres à vodka de votre salade de lentilles au foie gras, puis décorez le dessus avec des petites feuilles de céleri. Réservez au frais et servez à l'apéritif.

CONSEIL. Vous pouvez utiliser une autre variété de lentilles ou un foie gras parfumé.

Vous pouvez aussi servir ce petit apéritif tiède en agrémentant les lentilles d'une brunoise de foie gras poêlé avec un déglaçage au vinaigre balsamique.

LES ENTRÉES

Artichaut périgourdin

Pour 6 personnes

250 g de terrine de foie gras de canard traditionnelle • 6 fonds d'artichaut cuits au naturel • 6 œufs de poule • 5 g de truffe hachée • 3 cl de jus de truffe • 1/2 botte de ciboulette • 120 g de crème fraîche • sel fin • poivre du moulin

Faites cuire les œufs de poule dans une eau salée frémissante pendant 4 min. Arrêtez la cuisson en passant les œufs sous l'eau fraîche et écalez-les. Laissez revenir à température ambiante.

Disposez les fonds d'artichaut dans un plat.

Divisez le foie gras en 6 parts égales et garnissez-en les fonds d'artichaut. Placez les œufs écalés sur le foie gras.

Dans un saladier, mélangez la crème avec le jus de truffe, les truffes hachées, la ciboulette lavée et ciselée finement. Assaisonnez en sel fin et poivre du moulin.

Nappez les fonds d'artichaut de cette crème et servez accompagné d'une petite salade assaisonnée au jus de truffe.

Conseil. Vous pouvez servir cette recette en apéritif en utilisant des fonds d'artichaut en quartiers et des œufs de caille.

Vous pouvez également déguster cette entrée chaude : chauffez alors les fonds d'artichaut et garnissez-les d'une escalope de foie gras juste poêlée et d'un œuf de poule poché puis nappez d'un jus de canard réduit ou d'une vinaigrette tiède.

Crème brûlée de foie gras de canard

Pour 6 personnes

150 g de foie gras cru • 6 jaunes d'œuf • 50 g de noisettes torréfiées concassées • 1 c. à café de cassonade • 50 cl de crème liquide • sel • poivre du moulin • 30 g de beurre pour les ramequins

Préchauffez votre four à 160 °C (th. 5-6).

Mélangez le foie gras et la crème au mixeur jusqu'à ce que la préparation soit bien lisse. Ajoutez les jaunes d'œuf puis salez et poivrez le mélange.

Beurrez des petits ramequins allant au four et répartissez délicatement la préparation.

Placez les moules dans un plat à bords hauts allant au four, puis versez de l'eau jusqu'à mi-hauteur pour réaliser un bain-marie. Enfournez et laissez cuire 1 h environ, puis retirez du four et laissez refroidir à température ambiante pendant 30 min avant de placer les crèmes brûlées au réfrigérateur pour 1 h 30.

Allumez le gril de votre four.

Mélangez les noisettes concassées avec la cassonade.

Sortez les crèmes brûlées du réfrigérateur et saupoudrez-les du mélange sucre-noisettes.

Passez-les 30 secondes sous le gril en surveillant bien et servez avec une salade de tétragone assaisonnée à l'huile de noisette.

Conseil. Vous pouvez ajouter quelques épices dans votre crème brûlée ou incorporer les noisettes concassées dans la pâte à crème brûlée pour donner du croquant à cette entrée de choix.

Escalope de foie gras de canard grillée piquée aux écrevisses

Pour 6 personnes

1 lobe de foie gras de canard non déveiné de 450 à 500 g • 30 écrevisses de taille moyenne • 200 g de pousse-pierre • 15 cl de bisque d'écrevisse • 40 g de beurre demi-sel • fleur de sel • mignonnette de poivre

Châtrez les écrevisses. Si cette opération vous semble délicate, demandez à votre poissonnier de l'effectuer pour vous.

Ébouillantez les écrevisses de 2 à 3 min maximum dans une eau très chaude et bien salée. Décortiquez 12 queues d'écrevisse, puis décortiquez le reste en faisant attention de laisser la queue accrochée à la tête. Ces écrevisses serviront d'éléments de décor.

Découpez les 12 queues décortiquées en petits tronçons.

Coupez 6 belles tranches dans le lobe de foie gras puis, à l'aide d'un couteau, effectuez des petits trous et cloutez les tranches avec les tronçons de queues d'écrevisse.

Faites chauffer la bisque d'écrevisse sur feu doux.

Dans une eau bien salée et bouillante, faites cuire les pousse-pierre de 5 à 6 min, puis égouttez-les et trempez-les dans l'eau glacée pour que les algues restent bien vertes.

Préchauffez votre four à 180 °C (th. 6).

Au dernier moment, faites revenir les pousse-pierre dans une poêle avec un peu de beurre.

Simultanément, sur un gril bien chaud, faites griller les tranches de foie gras 2 min de chaque côté afin qu'elles soient bien marquées et juste cuites. Vous testerez la cuisson de vos escalopes de foie gras avec la pointe d'un couteau : elle doit traverser les escalopes de part en part sans trop de résistance. Égouttez sur un papier absorbant.

Dressez les assiettes : placez au centre un peu de pousse-pierre puis posez dessus une escalope de foie gras bien chaude. Versez tout autour un petit cordon de bisque d'écrevisse et décorez avec le reste des écrevisses préalablement passées au four pendant 3 à 4 min ; parsemez de noisettes de beurre demi-sel, de fleur de sel et de mignonette.

Cette entrée sera succulente si elle est servie bien chaude.

Conseil. Vous pouvez remplacer les écrevisses par des petits médaillons de homard ou de langouste poêlés en aller-retour et flambés à l'armagnac.

Éventail de magret de canard au foie gras « comme un chausson »

Pour 6 personnes

250 g de bloc de foie gras avec morceaux • 2 magrets de canard gras de belle taille • 10 cl d'armagnac • fleur de sel • mignonnette de poivre

Pratiquez de petites entailles sur la partie grasse des magrets à l'aide de la pointe d'un couteau pour éviter qu'ils ne se rétractent pendant la cuisson. À l'aide du même couteau, pratiquez un trou dans la chair des magrets (dans la longueur). Tournez le couteau de part et d'autre afin de pratiquer un gros trou.

Partagez le bloc de foie gras en deux et insérez les morceaux dans les trous des magrets.

Poêlez les magrets dans une poêle antiadhésive bien chaude afin qu'ils prennent une belle couleur dorée sur toutes leurs faces.

Préchauffez votre four à 100 °C (th. 3-4).

Placez les magrets dans un plat allant au four. Arrosez-les d'armagnac, parsemez-les de fleur de sel et de mignonnette de poivre ; enfournez et laissez cuire pendant 15 à 20 min. Sortez le plat du four, laissez les magrets revenir à température ambiante puis placez le plat au frais.

Lorsque vos magrets sont bien froids, au bout de 2 h, taillez-les en petites tranches bien fines avec un couteau très fin et coupant. Placez-les en éventail dans les assiettes de service.

Vous pourrez accompagner cet éventail d'un petit mesclun de salade ou d'une rémoulade de céleri assaisonnée au jus de truffe.

CONSEIL. Vous pouvez aromatiser votre bloc de foie gras avant de garnir les magrets soit avec une brunoise de fruits confits (abricots, dattes, figues...), soit avec un concassé d'herbes potagères, soit en le parfumant avec l'alcool de votre choix.

Lasagnes de foie gras de canard aux légumes grillés

Pour 6 personnes

300 g de foie gras en terrine tradition • 450 g de pâtes fraîches en plaques • 700 g de courgettes • 700 g d'aubergines • quelques feuilles de basilic frais • quelques brindilles de thym frais • piment d'Espelette • 20 cl d'huile d'olive • sel • poivre du moulin

Faites cuire les pâtes en plaques dans une eau bouillante légèrement salée, puis rafraîchissez-les en les trempant dans l'eau froide et égouttez-les sur un papier absorbant.

Lavez les courgettes et taillez-les dans la longueur en tranches de 1 cm d'épaisseur. Faites de même avec les aubergines. Badigeonnez les légumes d'un peu d'huile d'olive et marquez-les sur une grillade très chaude.

Laissez refroidir les légumes dans le reste d'huile d'olive et assaisonnez-les en sel fin, poivre du moulin et piment d'Espelette.

Détaillez le foie gras en tranches de 1 cm d'épaisseur. Dans le plat de service, étalez tout d'abord une couche de pâtes, puis une couche de courgettes, une tranche de foie gras, à nouveau une couche de pâtes et répétez l'opération avec les aubergines et le reste de foie gras. Terminez avec une couche de pâtes.

Placez sur le plat un second plat de même dimension qui servira à presser l'ensemble. Laissez une nuit au frais.

Au moment du service, démoulez le plat et découpez des carrés de 5 cm de côté. Placez-les au centre des assiettes de service. Avec la pointe d'un couteau, pratiquez des petits trous sur le dessus et plantez une feuille de basilic entremêlée d'une brindille de thym. Cela servira de décor et donnera un goût d'été à ces lasagnes.

CONSEIL. Vous pouvez confectionner vous-même votre pâte à lasagne. Pour cela, mettez dans votre mixeur 200 g de semoule, 2 œufs entiers, 1 c. à soupe d'eau tiède, 1 c. à soupe d'huile d'olive, 1 c. à café de vinaigre balsamique et 5 g de sel. Prévoyez un peu de farine pour travailler la pâte. Mixez jusqu'à l'obtention d'une pâte ferme mais souple. Travaillez au rouleau à pâtisserie avec un peu de farine. Dans la confection des lasagnes, vous pouvez jouer avec les légumes du soleil en utilisant des poivrons vert, rouge, jaune, noir ou des tomates séchées de bonne qualité, c'est-à-dire pas trop acide.

Foie gras d'Halloween

Pour 6 personnes

200 g de foie gras cru • 6 petites citrouilles Little Big Jack • 1 gros oignon rouge • 1 c. à soupe de graisse d'oie • 10 cl de porto vieux • fleur de sel • mignonnette de poivre

Taillez un petit chapeau sur les citrouilles puis, à l'aide d'une cuillère, épépinez-les et prélevez la chair. Réservez les citrouilles au frais ; elles serviront de contenant pour la présentation de la recette.

Faites fondre la cuillerée de graisse d'oie dans une casserole et faites-y revenir l'oignon préalablement lavé, épluché et haché finement. Lorsqu'il est légèrement brun, ajoutez la pulpe de citrouille. Laissez mijoter doucement jusqu'à l'obtention d'une compote. Parfumez avec le porto et assaisonnez de fleur de sel et de mignonnette de poivre. Laissez cette compotine dessécher doucement.

Pendant ce temps, taillez des petits cubes dans le foie gras cru. Faites-les revenir dans une poêle antiadhésive bien chaude, puis égouttez-les sur un papier absorbant.

Mélangez les petits cubes de foie gras à la compotine et remplissez les citrouilles de ce mélange. Tenez au chaud sur la porte du four et servez ces entrées parsemées de quelques grains de fleur de sel.

CONSEIL. Vous pouvez réaliser cette entrée avec une grosse citrouille, ce qui fera un plat unique et impressionnant au milieu de la table.

Moelleux de foie gras de canard coulant en croûte de pain d'épice

Pour 6 personnes

200 g de foie gras • 100 g de pain d'épice • 4 œufs moyens • 80 g de farine • 20 g de Maïzena® • 30 g de beurre • 10 g de sel • 2 g de poivre

Cassez les œufs, assaisonnez-les avec le sel et le poivre et fouettez-les au batteur électrique à grande vitesse pendant 10 à 15 min en mettant le bol dans un bain-marie d'eau bien chaude. Vous devez obtenir un mélange très mousseux et blanc. Réduisez la vitesse du robot au minimum.

Faites fondre le foie gras au bain-marie et passez-le au chinois. Récupérez 100 g de gras fondu. Réservez le reste.

Passez le pain d'épice dans un mixeur afin de le réduire en poudre, puis mélangez-le avec la Maïzena® et la farine.

Incorporez délicatement le gras du foie fondu au mélange farine, Maïzena® et pain d'épice et incorporez l'ensemble au mélange mousseux. Attention, cette opération est très délicate.

Parallèlement, beurrez et farinez des petits ramequins d'une capacité de 140 g environ, puis placez-les au frais. Lorsqu'ils sont bien froids, remplissez-en le premier quart avec de la pâte. Recouvrez de quelques fragments de foie gras puis complétez avec le reste de la pâte. Placez vos ramequins au frais pendant 2 h.

Préchauffez votre four à 210 °C (th. 7).

Enfournez les moelleux et laissez cuire pendant 12 min.

À la sortie du four, laissez les moelleux reposer 3 min avant de les démouler au centre des assiettes.

Pour le service, soulignez les assiettes d'une vinaigrette confectionnée à base de vinaigre de miel et d'une huile de votre choix.

CONSEIL. Attention, le temps de cuisson est très précis : c'est là que réside la réussite de la recette.

Foie gras de canard de nos grands-mères en bocal

Pour un bocal de 500 ml

1 foie gras de canard déveiné de 450 g • 1 petite truffe (facultative) • 1 pincée de sucre semoule • 6 g de fleur de sel de Guérande • 1 g de poivre noir moulu

Pour cette recette, il vous faudra choisir un foie gras de couleur ivoire uniforme, déveiné et de texture souple.

Sortez le foie gras du réfrigérateur 2 h avant de le travailler.

Dans une petite tasse, mélangez l'assaisonnement de fleur de sel, poivre et sucre. Écartez les lobes du foie sur le plan de travail et assaisonnez-les sur toutes leurs faces, puis rabattez-les en donnant au foie une forme qui se rapproche de celle d'un bocal.

Brossez la truffe et coupez-la très finement en lamelles.

Mettez le foie dans un bocal, puis glissez des lamelles de truffe contre la paroi. Refermez le bocal et laissez 1 h à température ambiante afin que les saveurs de la truffe se répandent dans le bocal.

Dans une cocotte, placez un papier absorbant puis posez le bocal dessus. Calez-le tout autour avec des chiffons ou avec du papier absorbant. Remplissez la cocotte d'eau froide jusqu'à 5 cm au-dessus du bocal. Portez à ébullition, couvrez et comptez 2 h de cuisson à frémissement. Attention, surveillez le niveau de l'eau en cours de cuisson et ajoutez de l'eau bien chaude si nécessaire.

Une fois la cuisson terminée, retirez la cocotte du feu et laissez refroidir le bocal dans l'eau à température ambiante. Videz l'eau, essuyez le bocal, étiquetez-le en indiquant la date et entreposez-le dans un endroit frais, sec et obscur.

Ce foie gras de canard à la fleur de sel et aux truffes se conservera facilement 3 ou 4 ans.

CONSEIL. Vous pouvez aromatiser le foie gras avec de la truffe, comme dans cette recette, ou avec un peu d'alcool (cognac, armagnac, vieux porto, vendanges tardives). Cette recette peut être préparée avec un foie gras d'oie.

Ravioles de foie gras de canard aux girolles

Pour 6 personnes

Pour la pâte à nouilles : 3 œufs de poule • 300 g de farine • 3 c. à soupe d'huile de noix • sel

Pour la farce : 200 g de foie gras cru • 1 c. à soupe de graisse de canard • 250 g de girolles • 1 échalote

Pour la sauce : 15 cl de jus de canard • 25 cl de crème fleurette • 1 botte de ciboulette • sel • poivre du moulin

Confectionnez tout d'abord la pâte à nouilles : disposez la farine en fontaine et mettez au centre les œufs battus, l'huile et le sel. Mélangez le tout pas plus de 3 min afin que la pâte ne soit pas trop élastique. Laissez-la reposer à température ambiante 1 h avant de la travailler.

Pendant ce temps, essuyez une à une les petites girolles avec un linge propre. Il est plus simple et prudent de les essuyer que de les laver : pendant la cuisson, les girolles rendront beaucoup d'eau si vous les avez lavées.

Dans une poêle bien chaude, faites fondre la cuillerée de graisse de canard et faites revenir les girolles ; ajoutez l'échalote préalablement lavée, épluchée et finement hachée.

Simultanément, taillez le lobe de foie cru en petits cubes et ajoutez-les au dernier moment dans la fricassée de girolles. Égouttez et laissez revenir à température ambiante.

À l'aide d'un rouleau à pâtisserie, étalez la pâte à nouilles. Taillez dedans des petits cercles avec un emporte-pièce approprié ou avec un petit verre. Au centre de chaque disque, placez un peu de farce puis couvrez d'un autre disque. Pincez le bord avec les doigts pour fermer.

Préparez la sauce : faites réduire de moitié le jus de canard puis ajoutez la crème. Laissez réduire jusqu'à obtention d'une crème mousseuse. Assaisonnez en sel fin et poivre du moulin.

Faites cuire les ravioles à la vapeur en les disposant dans le panier d'un couscoussier. Laissez-les cuire de 6 à 8 min, puis retirez-les délicatement.

Placez les ravioles dans les assiettes de service et nappez-les de la sauce, préalablement passée au mixeur pour qu'elle soit bien onctueuse et mousseuse. Parsemez de quelques grains de fleur de sel et de bâtonnets de ciboulette.

CONSEIL. Vous pouvez changer la farce de ces ravioles en utilisant des morilles ou tout autre champignon de saison. La sauce peut être adaptée à vos envies : vous pouvez faire une simple crème d'herbes potagères, ajouter un peu de parmesan râpé…

Salade buissonnière aux deux foies gras

Pour 6 personnes

400 g de foie gras cru • 150 g de terrine de foie gras • 200 g de jeunes pousses de mesclun craquantes • 1/2 boule de céleri • 1 botte de cerfeuil • 30 g de noix du Périgord • 30 g de figues séchées • 30 g de pignons de pin • 5 cl de vinaigre à l'estragon • 15 cl d'huile de noix • fleur de sel de Guérande • sel fin • poivre du moulin

Lavez abondamment le mesclun à l'eau claire puis égouttez-le.

Lavez le céleri, épluchez-le et taillez-le en julienne ou en petits bâtonnets.

Confectionnez la vinaigrette avec le vinaigre d'estragon et l'huile de noix. Assaisonnez en sel fin et en poivre du moulin.

Détaillez le foie gras cru en petites escalopes et la terrine de foie gras en petits copeaux.

Dressez les assiettes. Placez au centre de chacune un petit bouquet de mesclun préalablement assaisonné à la vinaigrette de noix, puis parsemez de bâtonnets de céleri. Disposez les copeaux de foie gras en terrine.

À la dernière minute, poêlez les petites escalopes de foie gras en un aller-retour. Disposez-les à peine égouttées sur la salade et parsemez de noix concassées, de pignons de pin, de figues préalablement taillées en fine julienne et de petites pluche de cerfeuil. Saupoudrez de quelques cristaux de fleur de sel.

Servez rapidement : le foie gras chaud pourrait cuire la salade.

CONSEIL. Les salades, qu'elles soient buissonnières, gourmandes ou landaises, s'additionnent de multiples ingrédients. Vous pouvez y ajouter quelques tranches de magret fumé ou tout autre ingrédient qui vous fera voyager dans cette région de prédilection qu'est le Sud-Ouest.

Tatin de foie gras de canard aux amandines et coulis corsé

Pour 6 personnes

1 lobe de foie gras de 500 g non déveiné • 400 g de pommes de terre amandines • 1 abaisse de pâte feuilletée • 200 g de pignons de pin • 50 g de graisse de canard • 15 cl de jus de canard • 5 cl de vinaigre balsamique • 1/2 botte de cerfeuil • fleur de sel • mignonnette

Lavez les pommes de terre et épluchez-les, puis taillez-les en bouchons réguliers. Coupez ces bouchons en petites rondelles très fines et très régulières.

Dans une poêle, faites chauffer la graisse de canard et faites dorer légèrement les rondelles de pomme de terre.

Disposez les rondelles de pomme de terre en rosaces dans 6 petits moules à tatin.

Préchauffez votre four à 180 °C (th. 6).

Dans une poêle bien chaude, sans ajout de matière grasse, faites légèrement colorer les pignons de pin. Concassez-les avec un petit robot électrique.

Détaillez le lobe de foie gras en 6 escalopes épaisses puis panez-les dans le concassé de pignons de pin.

Faites revenir les tranches de foie gras dans une poêle sèche : elles doivent être colorées sur toutes les faces, mais très peu cuites.

Placez les tranches de foie gras égouttées sur la rosace de pommes de terre, puis couvrez avec un rond de feuilletage du même diamètre que le moule. Enfournez et laissez cuire pendant 15 à 20 min.

Pendant ce temps, faites réduire le vinaigre balsamique dans une casserole et mouillez avec le jus de canard. Sortez vos tatins du four.

Au moment du service, nappez les assiettes d'un peu de jus de canard corsé et retournez la tatin sur cette sauce. Parsemez de quelques grains de fleur de sel, de mignonnette de poivre et décorez d'une pluche de cerfeuil. Cette entrée doit être servie très chaude.

CONSEIL. Vous pouvez réaliser cette tatin avec d'autres pommes de terre que l'amandine. Faites seulement attention à ce qu'elles se comportent bien à la cuisson. Vous pouvez aussi égoutter légèrement les tatins avant de les servir pour que le gras du foie ne soit pas trop abondant dans l'assiette et ne tache pas la sauce.

Truffe surprise

Pour 6 personnes

6 belles truffes cuites • 120 g de foie gras en terrine • 5 cl de porto vieux • 120 g de gelée de porto

Sortez les truffes cuites de leur jus de cuisson. Vous pouvez pour cette recette utiliser des truffes cuites sous vide ou en boîte. Il faut simplement qu'elles soient de belle taille.

Taillez une petite tranche sur la base de chaque truffe puis, à l'aide d'un couteau à bille, creusez uniformément l'intérieur de la truffe.

Dans la terrine de foie gras, taillez 6 petites billes avec le même couteau puis farcissez l'intérieur de chaque truffe avec ces billes.

Placez les truffes farcies dans un bol puis mouillez avec le porto. Laissez macérer une dizaine d'heures.

Au moment du service, concassez la gelée de porto, nappez-en le fond des assiettes puis déposez au centre une belle truffe entière.

Vos invités, lorsqu'ils couperont la truffe, verront la surprise apparaître.

Conseil. Vous pouvez réaliser cette recette avec des truffes crues : elles seront plus craquantes, mais plus difficiles à creuser. Vous pouvez utiliser un foie gras parfumé. Il faut toujours bien respecter le temps de macération afin que la truffe puisse parfumer le foie gras et donner un mélange équilibré et noble.

Aspic de foie gras aux langoustines

Pour 6 personnes

300 g de foie gras de canard en terrine • 12 queues de langoustines crues • 3 feuilles de gélatine • 1/2 botte d'estragon • 25 cl de vin blanc liquoreux • 10 g de beurre demi-sel • sel fin • poivre du moulin

Confectionnez la gelée : mettez la gélatine à tremper dans de l'eau froide. Chauffez le vin et incorporez la gélatine ramollie, bien égouttée au fouet. Lorsque la gélatine a totalement fondu, débarrassez la gelée dans un saladier et laissez-la refroidir à température ambiante.

Poêlez les queues de langoustine dans le beurre bien chaud, assaisonnez en sel fin et poivre du moulin puis débarrassez sur un papier absorbant et laissez refroidir.

Détaillez le foie gras en petites escalopes régulières.

Coulez un peu de gelée au fond de 6 petits moules individuels et laissez prendre au froid. Décorez avec les feuilles d'estragon préalablement effeuillé et lavé. Garnissez chaque moule avec deux queues de langoustine et une escalope de foie gras, complétez avec de la gelée et remettez au froid. Une fois la gelée durcie, démoulez et servez en entrée.

Accompagnez d'une petite salade de champignons crus et assaisonnez d'un trait d'huile d'olive.

Cappuccino de pointes d'asperge verte au mousseux de foie gras de canard et arôme de truffe

Pour 6 personnes

200 g de foie gras tradition • 1 botte d'asperges sauvages • 500 g d'asperges vertes • 5 g de truffe hachée • 100 g de jus de truffe • 50 cl de bouillon de poule • 1 l de crème fraîche • 20 cl de crème fleurette • sel • poivre du moulin

Grattez les asperges vertes et lavez-les. Réservez-en 3 et faites cuire le reste dans le bouillon de poule. Lorsqu'elles sont pratiquement cuites, ajoutez la crème fraîche. Laissez cuire à nouveau pendant 30 min.

Passez les asperges à la crème au mixeur. Si le potage est filandreux, passez-le au chinois. Vérifiez l'assaisonnement en sel fin et en poivre du moulin, puis ajoutez le jus de truffe et la moitié du foie gras. Mixez à nouveau et réservez au chaud.

Dans un petit cul-de-poule bien froid, montez la crème fleurette en chantilly.

Ajoutez à la chantilly la truffe hachée et la moitié du foie gras restant après l'avoir préalablement réduit en purée au mixeur. Vérifiez l'assaisonnement et réservez au frais.

Faites cuire les asperges restantes dans de l'eau bouillante bien salée puis passez-les sous l'eau froide pour qu'elles restent bien vertes. Découpez ces asperges dans la longueur en tranches très fines.

Faites cuire les asperges sauvages 3 min à la vapeur afin qu'elles restent croquantes.

Décorez l'intérieur de verres résistant à la chaleur en plaquant des tranches d'asperge à la paroi. Versez la crème d'asperge dans les verres, puis masquez le dessus d'une généreuse couche de chantilly.

Coupez le foie gras restant en petits cubes et parsemez-en le dessus des verres.

Décorez les verres en posant des pointes d'asperges sauvages sur le dessus.

Servez rapidement.

CONSEIL. Vous pouvez réaliser ce cappuccino avec des asperges blanches, voire, hors saison, avec des asperges en bocal de très bonne qualité.

Consommé de morilles au foie gras

Pour 6 personnes

400 g de foie gras cru • 600 g de belles morilles • 2 à 3 kg de carcasses de volaille (canard ou poule) • 300 g de carottes • 2 blancs de poireau • 2 gros oignons • 3 branches de céleri • 1 gousse d'ail • 1 clou de girofle • 10 g de gros sel • 5 g de mignonette de poivre gris

Lavez les carottes, les oignons, les poireaux et le céleri, épluchez-les et coupez-les en tronçons. Piquez les oignons avec le clou de girofle.

Dans une grande marmite, mouillez les carcasses de volaille dans 3 l d'eau froide. Portez à ébullition en écumant régulièrement. Ajoutez la garniture : carottes, oignons, poireaux, céleri et gousse d'ail. Assaisonnez avec le gros sel et le poivre. Laissez cuire à très légère ébullition pendant 4 à 5 h sans couvrir. Il est important d'écumer très régulièrement afin d'obtenir un bouillon clair.

En fin de cuisson, filtrez le bouillon en le passant au chinois fin. Conservez ce consommé au réfrigérateur si son utilisation n'est pas immédiate. Il est impératif que le bouillon soit bien filtré, cela évitera qu'il s'oxyde.

Détaillez le foie gras en tout petits morceaux.

Nettoyez les morilles à l'aide d'un torchon bien propre. Ne les lavez pas à l'eau, les champignons s'en gorgeraient et la rendraient à la cuisson. Lorsque les morilles sont bien propres, farcissez-les avec des morceaux de foie gras cru. Les morilles doivent être pleines et bien gonflées.

Faites chauffer le consommé puis ajoutez les morilles. Laissez-les cuire à frémissement pendant 4 à 5 min, puis servez dans des assiettes creuses.

CONSEIL. En cuisant, le foie gras libérera un peu de graisse qui nourrira le consommé. Il est impératif de le laisser. Vous pouvez ajouter à ce consommé un peu de vermicelles ou une brunoise de légumes.

Crème de lentilles au fumet de foie gras

Pour 6 personnes

300 g de foie gras tradition • 100 g de magret fumé • 1 c. à soupe de graisse de canard • 300 g de lentilles vertes du Puy • 2 gros oignons • 50 cl de bouillon de poule • 1 l de crème liquide • fleur de sel de Guérande • mignonette de poivre

Faites gonfler les lentilles dans de l'eau froide pendant 4 à 5 h.

Lavez les oignons, épluchez-les et émincez-les.

Dans une casserole, faites revenir les oignons dans la graisse de canard. Lorsqu'ils ont pris une jolie couleur blonde, ajoutez le magret fumé découpé en petits morceaux. Ajoutez les lentilles égouttées et mouillez avec le bouillon de poule. Laissez cuire les lentilles 45 min environ et ajoutez la crème fraîche. Laissez cuire à nouveau pendant 20 min. Passez au mixeur afin d'obtenir un potage crémeux et légèrement lié.

Ajoutez le foie gras et mixez à nouveau.

Vérifiez l'assaisonnement en sel et en poivre, puis versez dans des assiettes creuses bien chaudes.

CONSEIL. Vous pouvez ajouter à cette crème une petite quantité de lentilles non mixées, quelques croûtons de pain ou des pétales de comté vieux.

Bisque de canard aux croustilles de foie gras

Pour 6 personnes

200 g de foie gras tradition • 4 cuisses de canard confit • 50 g de magret de canard fumé • 2 c. à soupe de graisse d'oie ou de canard • 2 gros oignons • 1 ficelle aux céréales • 50 cl de bouillon de poule • 1 l de crème fleurette

Lavez les oignons, épluchez-les et émincez-les finement.

Dégraissez les cuisses de canard, désossez-les et émiettez-les.

Dans une grande casserole, faites fondre la graisse de canard ou d'oie et faites rissoler les oignons. Lorsqu'ils ont pris une belle couleur blonde, ajoutez le magret de canard fumé découpé en petits dés, puis le canard confit. Laissez rissoler l'ensemble de 3 à 4 min, puis mouillez avec le bouillon de poule. Laissez cuire à frémissement pendant 15 à 20 min puis versez la crème et laissez cuire à nouveau pendant 20 à 30 min, toujours à frémissement.

Passez le tout au mixeur en ajoutant la moitié du foie gras tradition. Mixez jusqu'à l'obtention d'une bisque lisse et crémeuse.

Parallèlement, découpez la flûte en petites rondelles et faites-les rôtir sous le gril du four. Tartinez-les ensuite généreusement avec le reste du foie gras.

Au moment de servir, versez la bisque chaude dans des assiettes creuses puis déposez dessus les petits croûtons au foie gras.

Conseil. Vous pouvez lier légèrement votre bisque si vous la trouvez trop fluide en ajoutant une cuillerée à soupe de purée de pommes de terre en flocons.

Velours de potiron au foie gras

Pour 6 personnes

1 lobe de foie gras de canard de 400 g non déveiné • 1 beau potiron • 1 gros oignon rouge • 15 cl de porto vieux • 1 l de crème fleurette • sel • poivre du moulin

Découpez le chapeau du potiron puis épépinez-le. À l'aide d'une cuillère à soupe, prélevez la pulpe du potiron. Réservez la coque.

Lavez l'oignon, épluchez-le et émincez-le.

Dans une casserole, faites revenir le lobe de foie gras préalablement taillé en gros morceaux sans ajout de matière grasse ; lorsqu'il est pratiquement fondu, ajoutez l'oignon.

Déglacez avec le porto et ajoutez la pulpe de potiron. Laissez revenir le tout et mouillez avec la crème fleurette. Laissez cuire à frémissement pendant 20 min. Passez au mixeur à potage et vérifiez l'assaisonnement.

Laissez au chaud puis, au moment du service, versez et présentez dans la coque du potiron.

CONSEIL. Vous pouvez parsemer ce potage de quelques petits croûtons revenus au beurre clarifié ou ajouter une fricassée de légumes oubliés (petits tronçons de salsifis, quelques crosnes ou des billes de potimarron).

Velouté de fonds d'artichaut au vieux parmesan et foie gras

Pour 6 personnes

400 g de foie gras de canard cru • 6 fonds d'artichaut • 150 g de parmesan vieux • 50 cl de bouillon de poule • 1 l de crème fleurette • sel fin • poivre du moulin

Taillez les fonds d'artichaut en gros morceaux.

Coupez la moitié du foie gras en gros morceaux et faites-les revenir dans une casserole. Ajoutez les fonds d'artichaut et 50 g de parmesan préalablement râpé. Mouillez avec le bouillon de poule et laissez cuire de 40 à 50 min à frémissement. Versez ensuite la crème et laissez cuire encore 20 min. Passez au mixeur et rectifiez l'assaisonnement en sel fin et en poivre du moulin.

Confectionnez des petits cubes dans le foie gras restant et faites-les dorer quelques secondes dans une poêle bien chaude sans matière grasse, puis égouttez sur un papier absorbant.

Versez dans des assiettes de service, décorez avec quelques cubes de foie gras et parsemez de pétales de parmesan.

Conseil. Vous pouvez ajouter à ce velouté quelques copeaux de fond d'artichaut cru, pour lui apporter un peu de croquant très agréable.

LES PLATS

Cassoulet
de foie gras

Pour 6 personnes

1 lobe de foie gras non déveiné de 450 g • 3 cuisses de canard ou d'oie confites • 1 magret de canard fumé • 200 g de graisse de canard • 6 saucisses de canard • 1 kg de haricots blancs secs • 1 tomate ferme • 1 carotte • 1 oignon • 1 gousse d'ail • 2 clous de girofle • 1 branche de thym • 50 g de mie de pain rassis • fleur de sel • sel fin • poivre du moulin

Faites tremper les haricots dans de l'eau froide pendant une douzaine d'heures.

Égouttez les haricots et placez-les dans une marmite avec l'oignon piqué des clous de girofle, le thym et la carotte coupée en petits morceaux dans le sens de la longueur ; mouillez à hauteur d'eau froide et ajoutez 1 c. à café de fleur de sel. Faites cuire 1 h à petits bouillons.

Frottez l'intérieur d'un grand récipient en terre cuite avec la gousse d'ail puis tartinez généreusement l'intérieur du récipient avec la graisse de canard froide.

Retirez la garniture des haricots et tapissez le fond du récipient avec la moitié des haricots. Mettez dessus le magret de canard coupé en gros morceaux, les saucisses de canard ainsi que la tomate coupée en gros morceaux. Ajoutez le reste des haricots et versez une louche de bouillon de cuisson.

Placez le récipient au four à 160 °C (th. 5-6) sans couvrir pendant 2 h. Toutes les 20 min environ, enfoncez délicatement la pellicule qui s'est formée sur le cassoulet.

Pendant ce temps, détaillez les cuisses de canard ou d'oie en morceaux.

Placez le lobe de foie gras entier sur le dessus du cassoulet au four et laissez ainsi environ 15 min, jusqu'à ce qu'il prenne une coloration homogène. Appuyez ensuite délicatement sur le foie gras afin de l'enfouir sous les haricots et ajoutez les morceaux de cuisses de canard ; mélangez.

Saupoudrez le cassoulet avec la mie de pain réduite en chapelure et remettez une dernière fois au four pendant 4 à 5 min environ, jusqu'à ce que le dessus soit doré et croustillant.

Servez ce cassoulet dans la marmite bien chaude.

Conseil. Voilà une recette de cassoulet traditionnelle, mais vous pouvez lui apporter votre touche personnelle en modifiant les salaisons de la garniture : j'ai utilisé du canard, mais vous pouvez apporter quelques morceaux de cochon (jambonneau, lard fumé, saucisses...).

Civet de foie gras grillé Chamberlan

Pour 6 personnes

1 lobe de foie gras de 500 g non déveiné • 100 g de graisse de canard • 150 g de lard fumé • 2 carottes • 250 g de champignons de Paris • 2 oignons • 2 gousses d'ail • 1 branche de thym • 4 tranches de pain de mie • 150 g de farine • 1 petite feuille de laurier • 20 petits oignons grelots • 1 botte de persil plat ciselé • 2 l de vin rouge de très bonne qualité • 10 cl de sang de porc (chez votre charcutier) • 40 g de beurre • 1 c. à café de sucre

Lavez les oignons et les carottes, épluchez-les et coupez-les en gros morceaux.

Dans un plat creux, placez le lobe de foie gras puis disposez tout autour les oignons et les carottes coupés, la branche de thym, la petite feuille de laurier et les 2 gousses d'ail préalablement épluchées et dégermées. Mouillez à hauteur avec le vin rouge et laissez mariner pendant une bonne douzaine d'heures.

Égouttez ensuite le foie gras et récupérez la garniture aromatique. Dans une casserole, faites fondre la graisse de canard et mettez-y la garniture à revenir. Lorsqu'elle commence à prendre une jolie couleur, saupoudrez de farine et laissez colorer à nouveau. Mouillez ensuite avec le vin de la marinade et laissez cuire à frémissement pendant 1 h.

Pendant ce temps, préchauffez le gril du four et placez le lobe de foie gras sur une grille et enfournez pour 3 à 4 min.

Passez ensuite la sauce au chinois fin dans une casserole où vous aurez placé le foie gras. Faites mijoter à frémissement pendant environ 30 min, puis égouttez le foie et passez à nouveau la sauce au chinois. Laissez remonter encore à frémissement et versez tout doucement le sang de porc en fouettant énergiquement. Attention : une fois la sauce liée au sang de porc, il ne faudra plus la faire bouillir. Réservez au chaud.

Parallèlement, préparez la garniture. Faites glacer les petits oignons grelots dans un peu d'eau additionnée de sucre. Coupez les champignons en petits quartiers et faites-les revenir au beurre. Coupez le lard fumé en lardons et faites-le rissoler dans une poêle. Égouttez.

Confectionnez des petits croûtons avec le pain de mie puis, dans un plat de service, placez le foie gras entier encore chaud et nappez-le de sauce ; parsemez de garniture, saupoudrez de persil plat lavé et ciselé, et décorez de petits croûtons.

CONSEIL. Cette recette est inspirée de celle du véritable civet de lièvre. Vous pouvez y apporter des modifications, mais elle doit quand même rester une jolie recette de chasse.

Fricassée de queues de langoustine et foie gras

Pour 6 personnes

1 lobe de foie gras de canard • 1 c. à soupe de graisse de canard • 18 langoustines de belle taille • 1 branche de céleri • 2 carottes • 1 belle tomate mûre • 2 c. à café de concentré de tomate • 1 oignon • 1 bouquet garni (persil, thym, laurier, feuille de poireau) • 1/2 botte de cerfeuil • 30 cl de fumet de crustacé • 5 cl de cognac • 10 cl de vin blanc • 50 cl de crème fleurette

Décortiquez les queues des langoustines crues et réservez au frais. Conservez les carcasses et concassez-les à l'aide d'un pilon.

Dans une casserole, faites chauffer la graisse de canard et faites-y revenir les carcasses de langoustines. Ajoutez l'oignon et les carottes préalablement lavés, épluchés et coupés en petits morceaux. Ajoutez la branche de céleri puis laissez revenir de 2 à 3 min. Flambez avec le cognac, puis ajoutez le vin blanc et le fumet de crustacé, le bouquet garni, le concentré de tomate et la tomate coupée en deux et épépinée afin d'éviter l'amertume. Laissez cuire 30 min à frémissement, puis passez au chinois fin. Laissez réduire à nouveau et ajoutez la crème liquide. Laissez réduire encore jusqu'à ce que le mélange soit onctueux.

Détaillez le lobe de foie gras en belles escalopes épaisses.

Au moment du service, faites pocher les escalopes de foie gras dans la bisque de langoustine de 5 à 6 min.

Simultanément, faites cuire les queues de langoustine dans une poêle antiadhésive jusqu'à ce qu'elles soient joliment dorées.

Égouttez les escalopes de foie gras et placez-les au centre d'assiettes chaudes. Placez dessus les queues de langoustines en bataille.

Mixez la bisque afin de la rendre mousseuse et aérienne. Soulignez les assiettes d'un trait de cette sauce. Décorez d'un petit bouquet de cerfeuil et servez bien chaud.

Conseil. Vous pouvez réaliser la même recette avec des écrevisses, un homard ou une langouste.

Chou farci au foie gras de canard

Pour 6 personnes

1 lobe de foie gras de canard non déveiné de 400 g • 800 g de canard (magret ou cuisse) cuit au bouillon • 100 g de magret de canard fumé • 150 g de crépine de porc • 2 œufs entiers • 1 beau chou vert • 3 gros oignons • 2 carottes • 3 échalotes • 1 gousse d'ail • 1 bouquet de persil • 1 brindille de thym • 1 l de bouillon de poule • sel fin • poivre du moulin

Retirez les feuilles extérieures du chou puis faites-le blanchir de 20 à 25 min dans de l'eau bouillante bien salée. Rafraîchissez-le dans une eau très froide et égouttez-le dans une passoire.

Parallèlement, préparez la farce : placez la viande de canard dans un mixeur avec le magret fumé, 2 oignons, les échalotes, l'ail préalablement épluché et dégermé ainsi que le persil lavé. Frottez la brindille de thym pour en extraire les petites feuilles. Ajoutez les œufs, salez, poivrez et mixez bien afin de rendre cette farce homogène.

Ouvrez légèrement le chou. Sans casser les feuilles, prélevez le centre en le coupant à la base à l'aide d'un petit couteau. Retirez délicatement la nervure centrale puis défaites le cœur du chou et posez les feuilles sur un linge dans l'ordre où elles ont été prélevées.

Une fois le cœur retiré, mettez à la place la farce et le lobe de foie gras au centre. Recouvrez ensuite en replaçant les feuilles de chou dans l'ordre inverse de celui où elles ont été enlevées, et reconstituez ainsi le chou.

Préchauffez votre four à 180 °C (th. 6).

Rincez la crépine, essorez-la et étendez-la sur un linge. Disposez le chou très délicatement au centre de la crépine et enveloppez-le complètement, puis refermez le linge et pressez bien afin d'extraire le maximum de liquide.

Dans une cocotte allant au four, faites suer l'oignon restant lavé, épluché et émincé finement ainsi que les carottes émincées en rondelles. Mouillez avec le bouillon de poule et disposez le chou au centre. Faites cuire 1 h à couvert au four.

Au terme de la cuisson, égouttez le chou, retirez la crépine et servez bien chaud.

CONSEIL. Il vous est possible de confectionner des petits choux individuels. Pour cela, retirez les feuilles du chou, puis posez à l'intérieur de chacune d'elles un peu de farce et un peu de foie gras cru, refermez-les et faites-les cuire individuellement. Vous pouvez faire colorer le chou en augmentant la chaleur du four en fin de cuisson et en découvrant votre cocotte pour le laisser colorer.

Tagliatelles au foie gras et pétales de parmesan

Pour 6 personnes

450 g de bloc de foie gras • 60 g de parmesan • 4 œufs • 300 g de farine tamisée type 45 • 1 c. à soupe d'huile d'olive • 1 c. à café de sel fin • 1 botte de cerfeuil

Confectionnez les tagliatelles : sur un plan de travail, tamisez la farine puis formez un puits au centre et versez le sel. Cassez les œufs dans le puits et, du bout des doigts, mélangez la farine avec les œufs pour former la pâte. Mélangez, aplatissez, pétrissez énergiquement la pâte qui doit devenir souple et élastique. Formez une jolie boule bien homogène et réservez-la dans un torchon ou dans un papier film pour éviter qu'une croûte ne se forme. Laissez reposer 30 min.

Farinez généreusement la boule de pâte puis, à l'aide d'un rouleau à pâtisserie, étalez-la en une fine couche et roulez la feuille obtenue sur elle-même. Découpez des petites lanières de 1 cm de large. Aérez les tagliatelles obtenues.

Dans une casserole, faites bouillir de l'eau salée et mettez les tagliatelles à cuire de 2 à 5 min selon l'épaisseur. Égouttez-les et parfumez-les d'un filet d'huile d'olive. À l'aide d'un économe, confectionnez des pétales dans le bloc de foie gras bien froid, ainsi que dans le bloc de parmesan.

Disposez les tagliatelles bien chaudes dans les assiettes de service et parsemez-les de pétales de foie gras et de parmesan. Décorez de quelques pluches de cerfeuil.

Conseil. Vous pouvez parfumer votre pâte à tagliatelles en ajoutant des épices (muscade, curry, paprika, safran…) ou un peu de parmesan râpé. Vous pouvez aussi confectionner cette recette avec d'autres pâtes (spaghettis, vermicelles…).

Ce plat peut être proposé en plat principal ou en entrée, en portions plus réduites.

Pot-au-feu de foie gras de canard aux légumes du marché

Pour 6 personnes

1 lobe de foie gras • 6 carottes • 3 poireaux • 4 pommes de terre • 1 chou vert • 4 navets • 2 l de bouillon de volaille bien corsé • 1 c. à café de mignonnette de poivre • fleur de sel

Lavez les carottes, les poireaux et les navets, épluchez-les et coupez-les en gros morceaux. Coupez le chou en gros morceaux et lavez-les à grande eau.

Épluchez les pommes de terre.

Dans une casserole, faites frémir le bouillon de volaille et mettez les légumes à cuire un à un, sauf les pommes de terre qui doivent cuire dans une autre eau.

Lorsque les légumes sont cuits, plongez le lobe de foie gras dans le bouillon de volaille aux légumes. Laissez-le cuire à frémissement pendant 15 à 20 min.

Placez le foie gras sur un plat et découpez-le en tranches généreuses. Dans des assiettes creuses, placez une belle tranche de foie gras pochée avec un assortiment de légumes et un peu de bouillon. Saupoudrez de quelques grains de mignonnette de poivre et de cristaux de fleur de sel. Accompagnez ce pot-au-feu de tranches de pain juste rôties.

Conseil. Pour confectionner un merveilleux pot-au-feu de canard au foie gras, il suffit d'incorporer quelques morceaux de canard à la fin de la cuisson des légumes – des magrets frais pochés dans le bouillon, des cuisses de canard confites ou tout autre morceau de canard.

Râble de jeune lapin au foie gras et petites girolles poêlées

Pour 6 personnes

2 râbles de lapin désossés • 1 lobe de foie gras de canard non déveiné de 400 à 450 g • 2 c. à soupe de graisse de canard • 1 crépine de porc • 15 g de truffe • 4 échalotes • 300 g de girolles • sel fin • poivre du moulin

Étalez les râbles de lapin sur le plan de travail et assaisonnez-les en sel fin et en poivre du moulin.

Coupez de 4 à 6 tranches fines de truffe puis hachez le reste.

Épluchez 2 échalotes et émincez-les finement. Dans une poêle, faites-les revenir dans un peu de graisse de canard jusqu'à ce qu'elles deviennent légèrement blondes, puis ajoutez le hachis de truffe ; si vous avez utilisé des truffes en boîte, déglacez avec le jus de truffe.

À l'aide d'une cuillère à soupe, nappez l'intérieur des râbles de lapin du mélange obtenu.

Taillez le lobe de foie gras en 2 morceaux dans la longueur, de la même longueur que les râbles. Placez ces morceaux de foie gras au centre des râbles et rabattez les panoufles dessus.

Trempez la crépine dans l'eau puis pressez-la et étalez-la sur un linge. Coupez-la en deux et disposez 2 lamelles de truffe au centre de chaque morceau. Placez dessus les râbles de lapin farcis et emballez-les dans la crépine. Assaisonnez en sel fin et en poivre du moulin, et déposez dans un plat à rôtir allant au four.

Préchauffez votre four à 160 °C (th. 5-6).

Enfournez les râbles et laissez cuire pendant environ 40 min.

Pendant ce temps, préparez la fricassée de girolles : essuyez les petites girolles (il est préférable d'essuyer les champignons plutôt que de les laver à grande eau, car ils en rendraient beaucoup à la cuisson et seraient moins goûteux). Dans une poêle, faites fondre la graisse de canard restante et mettez-y les girolles à revenir ; assaisonnez en sel fin et en poivre du moulin. En fin de cuisson, ajoutez le reste des échalotes hachées et laissez finir de cuire.

Débarrassez la fricassée de girolles sur un plat de service, et déposez par-dessus les râbles de lapin rôtis et bien dorés.

Conseil. Vous pouvez proposer ces râbles de lapin en plat chaud ou en entrée, découpés en fines lamelles et servis froids sur une salade.

Paupiette de foie gras au canard confit

Pour 6 personnes

1 lobe de foie gras de canard • 3 cuisses de canard confites • 1 crépine de porc • 2 carottes • 2 branches de céleri • 2 œufs moyens • 1/2 botte d'estragon • 3 tranches de pain de campagne • 10 cl de lait entier • sel fin • poivre du moulin

Faites tiédir les cuisses de canard confites, puis enlevez la peau et émiettez la chair.

Parallèlement, épluchez les carottes et coupez-les en brunoise, ainsi que les branches de céleri. Mélangez à l'émietté de canard confit.

Mettez la mie des tranches de pain de campagne à mariner dans le lait, puis mélangez à l'émietté de canard. Ajoutez les œufs entiers et la demi-botte d'estragon lavée et concassée. Malaxez la farce afin qu'elle soit bien homogène. Assaisonnez en sel fin et en poivre du moulin.

Rincez la crépine, essorez-la et étendez-la sur un linge ; découpez-la en petits carrés de 15 cm de côté. Disposez 1 c. à soupe de farce au centre de chaque carré. Placez dessus une belle escalope de foie gras taillée dans le lobe. Recouvrez d'un peu de farce pour masquer l'escalope, puis repliez la crépine afin de confectionner des petites paupiettes.

Préchauffez votre four à 150 °C (th. 5).

Une fois les paupiettes réalisées, faites-les légèrement colorer dans une poêle antiadhésive pas trop chaude.

Disposez ensuite les paupiettes dans un plat et terminez la cuisson au four pendant 20 min.

Sortez les paupiettes du four, elles doivent être légèrement colorées et moelleuses. Servez-les bien chaudes, accompagnées d'un jus de volaille brun ou d'une sauce périgueux ou périgourdine.

CONSEIL. Ces petites paupiettes peuvent aussi être confectionnées avec du foie gras d'oie. La farce peut être à base d'oie, de canard ou encore de porc.

Pomme de terre farcie au foie gras en robe des champs et chips de lard

Pour 6 personnes

1 lobe de foie gras de 450 g • 6 pommes de terre de taille moyenne • 6 tranches de lard fines • 10 g de fleur de sel • 3 g de mignonnette de poivre

Préchauffez votre four à 180 °C (th. 6).

Lavez les pommes de terre et enveloppez-les dans un papier aluminium préalablement saupoudré de fleur de sel et de mignonette. Déposez-les dans un plat allant au four et enfournez pour une durée de 45 min environ.

Pendant ce temps, taillez de belles escalopes dans le lobe de foie gras et faites-les revenir 1 min de chaque côté dans une poêle antiadhésive bien chaude. Les escalopines doivent être dorées, mais pas tout à fait cuites.

Faites baisser la température de votre four à 70 °C (th. 2-3) et enfournez les fines tranches de lard pendant 45 min pour confectionner les chips.

Enlevez le papier aluminium des pommes de terre. Coupez un couvercle sur le dessus et enlevez un peu de pulpe à l'aide d'une cuillère à soupe. Remplacez la pulpe par une escalope de foie gras précuite. Replacez le couvercle, refermez légèrement le papier aluminium (qui doit laisser entrevoir le dessus de la pomme de terre) et remettez au four de 3 à 4 min.

Sortez les pommes de terre du four et placez les chips de lard fumé dessus. Ces chips apporteront du craquant à cette recette et l'assaisonneront légèrement grâce au sel du lard fumé.

CONSEIL. Cette recette peut être proposée en accompagnement d'une viande rouge ou servir d'entrée, accompagnée d'une petite salade de mâche à l'huile de noisette.

Risotto crémeux au foie gras et petits cèpes bouchons

Pour 6 personnes

1 lobe de foie gras de canard non déveiné • 500 g de petits cèpes bouchons • 100 g de comté râpé • 300 g de riz rond pour risotto • 2 échalotes • 1/2 botte de cerfeuil • 1/2 botte d'estragon • 1 l de bouillon de volaille • 15 cl de vin blanc sec • 20 cl de crème liquide • 3 c. à soupe d'huile de noisette • sel fin • poivre du moulin

Lavez les échalotes, épluchez-les et hachez-les finement. Dans un poêlon, faites chauffer la moitié de l'huile de noisette et faites-y suer la moitié des échalotes. Ajoutez le riz rond et laissez chauffer à feu doux de 2 à 3 min tout en mélangeant délicatement à l'aide d'une spatule en bois afin de bien l'enrober de matière grasse. Mouillez ensuite avec le vin blanc. Laissez réduire pratiquement à sec en remuant régulièrement pour que le riz n'attache pas. Incorporez petit à petit le bouillon de volaille, jusqu'à ce que le riz soit mouillé à hauteur. Salez et poivrez légèrement. Laissez cuire à frémissement une vingtaine de minutes environ, pour obtenir une parfaite cuisson, tout en mélangeant régulièrement.

Parallèlement, préparez la fricassée de cèpes bouchons : essuyez-les et faites-les revenir dans l'huile de noisette restante. Ajoutez le reste des échalotes.

Mélangez la fricassée de champignons au riz, puis fouettez la crème liquide afin d'obtenir une crème montée. Incorporez délicatement la crème ainsi que le comté râpé, l'estragon et le cerfeuil concassé.

Découpez de petites escalopes de foie gras dans le lobe et poêlez-les rapidement dans une poêle antiadhésive bien chaude sans ajout de matière grasse. Déposez délicatement ces petites escalopines colorées sur le risotto crémeux.

Vous pouvez décorer ce plat de quelques feuilles de basilic juste frit.

CONSEIL. Vous pouvez servir ce risotto en entrée ou comme garniture d'un poisson ou d'une viande blanche.

Saint-Jacques en éventail de foie gras

Pour 6 personnes

200 g de foie gras de canard cru • 2 c. à café de graisse de canard • 18 noix de Saint-Jacques • 2 carottes • 2 navets • 1 courgette • 30 cl de jus de volaille brun • fleur de sel de Guérande • poivre du moulin

Lavez les carottes et les navets, épluchez-les et taillez-les en petite brunoise. Détaillez la courgette de la même façon en gardant la peau.

Dans une casserole, faites chauffer la graisse de canard, puis faites revenir l'ensemble des légumes taillés en brunoise. Laissez cuire à feu doux de 8 à 10 min. Les légumes doivent rester croquants.

Préchauffez votre four à 160 °C (th 5-6).

Parallèlement, préchauffez fortement une grillade et marquez les Saint-Jacques : elles doivent être juste marquées, non cuites. Disposez-les dans un plat de cuisson.

Taillez de petites escalopes dans le lobe de foie gras puis faites-les revenir très rapidement des deux côtés dans une poêle antiadhésive, afin de les colorer légèrement (elles ne doivent pas être cuites).

Pratiquez de petites incisions sur les Saint-Jacques et glissez dans celles-ci les escalopes de foie gras poêlées. Assaisonnez en fleur de sel et poivre du moulin. Enfournez et laissez cuire de 3 à 4 min maximum.

Tapissez le fond des assiettes de service de brunoise de légumes, disposez dessus les Saint-Jacques juste sorties du four et soulignez d'un trait de jus de volaille brun juste chauffé.

Conseil. Je préfère servir les Saint-Jacques juste cuites plutôt que trop cuites. Soyez vigilant lors de leur cuisson au four. Vous pouvez accompagner ces Saint-Jacques de pâtes fraîches, d'une mini-ratatouille ou d'autres légumes parfumés.

Tournedos de canettes au foie gras

Pour 6 personnes

1 lobe de foie gras de canard non déveiné de 450 g • 4 filets de canette • 5 g de poivre cinq-baies • cristaux de fleur de sel

Déposez sur le plan de travail les filets de canette côté graisse vers le bas. Assaisonnez-les de quelques grains de fleur de sel et du mélange de baies préalablement concassées.

Découpez le lobe de foie gras en deux dans le sens de la longueur et aplatissez légèrement les demi-lobes.

Disposez l'une de ces deux grandes escalopes sur l'un des filets de canette et recouvrez avec un deuxième filet. Pratiquez de même pour les autres filets de canette. Avec de la ficelle de cuisine, ficelez les canettes très régulièrement pour obtenir des tournedos bien ronds. Découpez les canettes entre chaque tour de ficelle sur une épaisseur de 3 à 4 cm, afin d'obtenir des petits tournedos individuels.

Dans une poêle antiadhésive bien chaude, poêlez les tournedos de 3 à 4 min de chaque côté.

Disposez les tournedos dans les assiettes de service et recouvrez-les d'une sauce périgueux. Accompagnez de pâtes fraîches, d'un écrasé de pommes de terre ou d'un mélange de légumes verts poêlés.

Conseil. Vous pouvez réaliser cette recette avec des magrets de canard si vous êtes plus nombreux. Vous pouvez aussi remplacer le foie gras cru par un foie gras bloc parfumé (champignons, herbes ou épices). Il faudra alors choisir un accompagnement adapté.

Tourte de foie gras de canard aux feuilles de blette

Pour 6 personnes

Pour la pâte : 2 œufs entiers • 200 g de sucre semoule • 500 g de farine • 250 g de beurre • 1 pincée de sel

Pour la garniture : 200 g de bloc de foie gras • 1 petite botte de feuilles de blette à côtes fines (blette blonde) • 300 g de pommes reinettes • 2 œufs entiers • 3 jaunes d'œuf • 100 g de pignons de pin • 50 cl de lait entier • 50 g de beurre demi-sel • sel fin • poivre du moulin

Préparez la pâte : sur un plan de travail, versez la farine, creusez un puits et cassez-y les œufs. Ajoutez le beurre en pommade, le sucre et le sel. Mélangez les ingrédients du bout des doigts jusqu'à obtention d'une pâte homogène (ajoutez quelques gouttes d'eau si besoin). Laissez reposer la pâte le temps de préparer la garniture.

Préchauffez votre four à 120 °C (th. 4).

Enlevez les côtes des blettes (gardez-les pour une autre utilisation) ; émincez les feuilles en lanières. Lavez-les à l'eau froide plusieurs fois, jusqu'à ce que l'eau soit claire, afin de supprimer l'amertume. Égouttez la chiffonnade en la pressant entre vos mains.

Chauffez le beurre demi-sel dans une casserole et faites-y revenir les feuilles de blette. Salez et poivrez.

Découpez le bloc de foie gras en petites parcelles.

Dans une casserole, faites tiédir le lait entier et ajoutez les parcelles de foie gras. Versez ensuite dans un mixeur à potage et cassez les œufs un à un en mixant énergiquement. Ajoutez enfin les jaunes d'œuf, assaisonnez en sel fin et en poivre du moulin.

Lorsque les feuilles de blette sont bien fondues, chauffez la casserole sur feu très doux et versez dedans, tout délicatement, le mélange se trouvant dans le mixeur. Laissez cuire sans cesser de remuer jusqu'à l'obtention d'une pâte fluide mais prise.

Découpez la pâte en 2 portions égales. Abaissez l'une d'elles au rouleau jusqu'à obtenir une abaisse de 3 ou 4 mm d'épaisseur.

Lavez les pommes, épluchez-les et émincez-les. Garnissez de pâte une tourtière préalablement huilée et farinée, et piquez la pâte à l'aide d'une fourchette. Étalez au fond les feuilles de blettes au foie gras puis placez les morceaux de pomme par-dessus ainsi que les pignons de pin. Recouvrez le tout de la seconde abaisse de pâte et ourlez les bords.

Piquez la surface de la pâte avec une fourchette. Enfournez pour 40 min environ. Quand les bords se décollent de la tourtière, la tourte est cuite.

Servez à la sortie du four, accompagné d'une salade craquante à l'huile de noix.

Steak de foie gras de canard, pommes de terre en mousseline

Pour 6 personnes

1 lobe de foie gras de canard non déveiné • 1 kg de pommes de terre rattes (de taille uniforme) • 15 cl de lait entier • 10 cl de crème fleurette • 250 g de beurre • 20 g de fleur de sel de Guérande

Détaillez 6 gros steaks ou escalopes dans le lobe de foie gras. Réservez au frais.

Confectionnez la mousseline : faites cuire les pommes de terre à l'eau salée. Égouttez-les et pelez-les encore tièdes puis passez-les au moulin à légumes (grille fine).

Desséchez légèrement la purée à feu doux en remuant vigoureusement avec une spatule en bois durant 4 à 5 min. Ajoutez le beurre bien froid et bien dur coupé en morceaux. Remuez énergiquement pour incorporer le beurre et rendre la purée lisse et onctueuse. Terminez la mousseline en incorporant le lait et la crème, préalablement bouillis, en petit filet et mélangez vigoureusement au fouet. Parsemez de petites parcelles de beurre et réservez au chaud.

Dans une poêle antiadhésive, poêlez les escalopes de foie gras. Lorsqu'elles sont dorées de chaque côté, plantez la pointe d'un couteau dedans pour vérifier la cuisson : elle doit traverser les escalopes avec une légère résistance. Égouttez les escalopes et réservez.

Dans les assiettes de service, déposez 2 c. de mousseline et disposez dessus une escalope de foie gras chaud ; parsemez de quelques cristaux de fleur de sel. Vous pouvez pratiquer un petit trou dans la purée afin d'y verser 1 c. de la graisse fondue dans la poêle.

Conseil. Attention, cette recette est très riche. Il faudra prévoir une entrée légère avant de déguster ce steak de foie gras.

Gratin de légumes oubliés au foie gras et tomme fraîche

Pour 6 personnes

1 lobe de foie gras de canard non déveiné de 500 g • 2 c. à café de graisse de canard • 200 g de tomme de Savoie fraîche • 200 g de topinambours • 200 g de salsifis • 200 g de pâtisson • 2 gousses d'ail • 200 g de crosnes • 200 g de panais • sel fin • poivre du moulin

Lavez tous les légumes et épluchez-les. Coupez-les en gros morceaux et faites-les cuire un à un dans une eau bouillante très salée. Lorsqu'ils sont cuits, légèrement craquants, égouttez-les et refroidissez-les à l'eau froide.

Dans une casserole, faites chauffer la graisse de canard, puis faites revenir l'ensemble des légumes jusqu'à l'obtention d'une légère couleur dorée. Ajoutez les gousses d'ail préalablement épluchées, dégermées et finement hachées. Assaisonnez en sel fin et en poivre du moulin.

Disposez l'ensemble de cette fricassée dans un plat à gratin allant au four.

Découpez le foie gras en belles escalopes épaisses puis, dans une poêle antiadhésive, faites-les revenir 20 s sur chaque face. Les escalopes doivent être dorées mais non cuites.

Disposez ces escalopes de foie gras sur les légumes dans le plat à gratin, puis saupoudrez de tomme fraîche préalablement râpée.

Préchauffez le gril de votre four et enfournez pendant 4 à 5 min. Le gratin doit être doré mais non brûlé ; il aura par là même cuit le foie gras.

Au moment du service, déposez le plat bien chaud au centre de la table.

CONSEIL. Vous pouvez réaliser ce gratin avec bien d'autres légumes, oubliés ou non : les restes de légumes d'un pot-au-feu (céleri, poireaux, carottes) ou bien, plus estival, un ensemble de légumes du soleil (courgettes, aubergines, poivrons). Quant au fromage, vous pouvez aussi en changer ; il faut simplement qu'il soit frais et non agressif, afin de ne pas couvrir le goût du foie gras.

Pancake de foie gras de canard au maïs

Pour 6 personnes

1 lobe de foie gras de canard de 450 g non déveiné • 120 g de maïs en grains • 70 g de purée en flocons (flocons fins) • 3 œufs entiers • 1 noix de muscade râpée • 30 g de farine • 20 cl de lait • 20 cl de crème liquide • 70 g de beurre frais + 20 g pour les moules • sel fin • poivre du moulin

Dans une casserole, faites bouillir le lait, la crème et 70 g de beurre. Ajoutez la purée en flocons en pluie fine et fouettez énergiquement. Assaisonnez en sel fin, en poivre du moulin et en muscade râpée. Laissez revenir à température ambiante puis ajoutez les œufs un à un, sans cesser de fouetter.

Ajoutez le maïs en grains en remuant à l'aide d'une cuillère.

Coupez le lobe de foie gras en petits cubes et ajoutez-les au mélange.

Préchauffez votre four à 180 °C (th. 6).

Graissez les moules et farinez-les légèrement afin que les pancakes n'accrochent pas à la cuisson. Répartissez le mélange dans les moules. Enfournez pour une durée de 15 min.

Les pancakes doivent être légèrement colorés sur le dessus et rester moelleux à l'intérieur.

Démoulez et servez bien chaud.

CONSEIL. Ces pancakes pourront être servis en entrée avec une petite salade légèrement assaisonnée ou soulignés d'une sauce madère ou aux truffes. Ils pourront aussi servir de garniture à une volaille ou une viande blanche – suprême de pintade ou pavé de veau.

UNE FÊTE, UN FOIE GRAS

Foie gras de Noël aux épines de sapin

Pour 6 personnes

1 lobe de foie gras de canard déveiné de 500 g • 1 branche moyenne de sapin de Nordmann • 15 g de bonbons à la sève de pin • 7 g de sel fin • 2 g de poivre blanc moulu

Pour le repère : 100 g de farine

Poêlez rapidement et fortement le lobe de foie gras puis égouttez-le sur un papier absorbant. Assaisonnez-le en sel, en poivre et avec les bonbons à la sève de pin préalablement réduits en poudre dans un mixeur.

Préchauffez votre four à 180 °C (th. 6).

Dans le fond d'une cocotte allant au four, déposez un morceau de branche de sapin puis le lobe de foie gras par-dessus. Recouvrez avec le reste de la branche, puis mettez le couvercle.

Préparez un repère (une pâte) avec 100 g de farine diluée dans un peu d'eau. Fermez hermétiquement la cocotte avec cette pâte.

Enfournez la cocotte et laissez cuire pendant 25 min. Sortez-la du four puis, lorsqu'elle est redescendue à température ambiante, placez-la au réfrigérateur et laissez reposer 2 jours.

Cassez le repère (la croûte) et sortez le foie gras. Retirez-en les épines de sapin qui seraient éventuellement collées et déposez-le dans un plat. Coupez-le en tranches fines et servez bien frais.

Conseil. Vous pouvez donner un goût de sève plus prononcé à votre foie gras en mettant un peu plus de bonbons ou en le soulignant avant cuisson d'un trait d'alcool de sapin.

Foie gras de l'Épiphanie aux fèves et épices d'Orient

Pour 6 personnes

1 lobe de foie gras de canard déveiné de 450 à 500 g • 150 g de petites fèves épluchées • 3 g de cannelle en poudre • 3 g de quatre-épices • 6 g de sel fin • 3 g de poivre blanc moulu

Placez le foie gras à plat dans un plat à rebords puis assaisonnez-le avec le sel, le poivre, le quatre-épices et la cannelle. Laissez-le mariner pendant 1 h à température ambiante.

Simultanément, plongez les fèves dans une eau bouillante salée 3 à 4 min puis égouttez-les et placez-les dans de l'eau glacée pour qu'elles restent bien vertes.

Préchauffez votre four à 110 °C (th. 3-4).

Pour monter la terrine : mélangez délicatement le foie gras avec les fèves puis tassez-le dans une terrine en porcelaine.

Dans un plat à bain-marie allant au four, déposez la terrine et mouillez à mi-hauteur d'eau bouillante. Enfournez et laissez cuire pendant 1 h.

À la sortie du four, laissez redescendre la température pendant 30 min, puis pressez la terrine : posez dessus une planchette emballée de papier sulfurisé et pressez avec une boîte de conserve ou une autre terrine de même dimension. Placez au frais pour 4 à 5 h.

Récupérez la graisse obtenue après la presse, faites-la fondre et passez-la à travers un linge propre.

Démoulez, nettoyez la terrine et replacez-y le foie gras, puis coulez sur le dessus la graisse fondue et filtrée.

Remettez à nouveau au réfrigérateur pour 2 jours environ, afin que les parfums se diffusent de façon optimale et régulière.

Le délai de consommation de votre terrine sera de 4 jours.

Au moment du service, découpez la terrine en tranches fines et servez accompagné d'une petite galette à la pâte d'amande pour évoquer les Rois mages.

Conseil. Vous pouvez jouer avec différentes épices, selon vos goûts, mais attention : utilisez des épices adaptées, équilibrées et pas trop fortes.

Duo de foies gras de la Saint-Valentin

Pour 6 personnes

250 g de foie gras de canard • 250 g de foie gras d'oie bien blanc déveiné • 3 cl de marc de gewurztraminer • 30 cl de porto rouge • 6 g de sel • 3 tours de moulin à poivre blanc • 3 tours de moulin à poivre noir

Faites mariner les foies gras dans 2 plats distincts. Pour le foie gras d'oie, préparez une marinade avec le marc de gewurztraminer, le poivre blanc et 3 g de sel ; pour le foie gras de canard, le porto rouge, le poivre noir et 3 g de sel. Laissez ces deux marinades à température ambiante pendant 1 h.

Dans une terrine en porcelaine d'une contenance de 500 g, placez tout d'abord le foie gras de canard. Pressez-le et aplatissez bien la surface, puis déposez par-dessus le foie gras d'oie ; pressez à nouveau.

Préchauffez votre four à 110 °C (th. 3-4).

Dans un plat à bain-marie allant au four, déposez la terrine et mouillez à mi-hauteur d'eau bouillante. Enfournez et laissez cuire pendant 1 h.

À la sortie du four, laissez revenir à température ambiante pendant 30 min avant de presser la terrine : posez dessus une planchette emballée de papier sulfurisé et pressez avec une boîte de conserve ou une autre terrine de même dimension ; placez au frais pendant au moins 4 h.

Récupérez la graisse obtenue après la presse, faites-la fondre et passez-la à travers un linge propre.

Démoulez, nettoyez la terrine et replacez-y le foie gras, puis coulez sur le dessus la graisse fondue et filtrée.

Remettez au réfrigérateur pendant au moins 2 jours afin que les saveurs se répartissent de façon homogène.

Le soir du 14 février, démoulez la terrine, coupez-la en tranches et servez en début de repas, accompagné de quelques fruits mûrs ou de mendiant craquant.

Conseil. Cette recette mêle parfaitement foie d'oie et de canard. L'oie sera fondante et onctueuse alors que le canard révélera des parfums plus puissants et sera un peu plus ferme. Vous pouvez parfumez cette terrine avec les alcools de vos envies.

Foie gras de canard aux Griottines® du printemps

Pour 6 personnes

2 lobes de foie gras de canard déveiné de 450 g • 150 g de Griottines® • 50 g d'alcool de Grillotines® • 12 g de sel fin • 3 g de poivre blanc

Commencez par écarter et séparer les petits lobes de foie gras des grands.

Placez les griottines® dans une petite casserole avec l'alcool, le sel et le poivre, puis faites tiédir. Arrosez les 2 lobes de ce mélange, ajoutez les fruits et laissez macérer à température ambiante pendant 2 h 30 environ.

Préchauffez votre four à 110 °C (th. 3-4).

Placez un des grands lobes dans le fond d'une terrine en porcelaine, face contre le fond. Pratiquez sur ce lobe des petits trous avec le bout du doigt puis placez une cerise dans chaque trou. Recouvrez les cerises avec un petit lobe de foie gras et renouvelez l'opération jusqu'en haut de la terrine. Placez la terrine dans un plat à bords hauts allant au four et enfournez pour 1 h 15.

Sortez la terrine du four et laissez reposer à température ambiante pendant 30 à 40 min. Découpez une petite planchette de bois de la dimension de la terrine, emballez-la de papier sulfurisé et appliquez-la sur la terrine ; pressez avec une boîte de conserve (vous pouvez également réaliser cette opération avec une autre terrine de la même taille que la première). Laissez prendre au réfrigérateur pendant au moins une nuit.

Le lendemain, récupérez le surplus de graisse. Faites fondre cette graisse et passez-la dans un linge fin. Démoulez le foie gras, nettoyez la terrine et replacez-y le foie gras. À l'aide d'une cuillère à soupe tiède, lissez le dessus de la terrine puis coulez délicatement la graisse fondue dessus. Laissez à nouveau reposer au réfrigérateur pendant une bonne journée.

Cette terrine sera parfaite après 2 jours de repos et vous pourrez la consommer pendant 4 à 6 jours.

CONSEIL. Vous pouvez choisir d'autres petites cerises à la liqueur ; faites simplement attention au pourcentage de sucre dans la marinade des petits fruits. Bien entendu, ne choisissez pas de fruits à noyau, car la découpe serait très délicate…

Foie gras de Pâques au cacao amer

Pour 6 personnes

1 lobe de foie gras de canard déveiné de 500 g
• 60 g de chocolat à croquer • 20 g de beurre • 6 g de sel
• 3 g de poivre de Sichuan

Laissez le foie gras ramollir à température ambiante puis placez-le entre deux feuilles de film étirable. À l'aide d'un rouleau à pâtisserie, étalez-le pour obtenir une galette de 1 cm d'épaisseur.

Faites fondre le chocolat au bain-marie et ajoutez le beurre, le sel et le poivre de Sichuan.

Badigeonnez le foie gras avec le chocolat fondu puis roulez le tout de façon très serrée pour obtenir une bûche.

Emballez la bûche dans une feuille de papier sulfurisé puis dans un torchon noué aux deux extrémités. Serrez très fort à l'aide d'une bande de gaze ou d'un papier film.

Plongez la bûche, toujours enveloppée, dans une casserole d'eau frémissante (90 °C) et laissez-la cuire pendant 40 min. Le temps de cuisson pourra varier un peu selon le diamètre de votre bûche.

Sortez la bûche de l'eau, laissez-la refroidir 30 min à température ambiante puis placez-la au frais pendant 2 jours, afin que les arômes se diffusent harmonieusement.

Détaillez la bûche en tranches et dégustez ce surprenant foie gras en entrée.

Conseil. Pour cette recette, faites attention au choix du chocolat : il doit être noir et de très bonne qualité. Vous pouvez également le parfumer avec une épice ou une liqueur.

Foie gras de la fête des Mamans aux pétales de rose

Pour 6 personnes

1 lobe de foie gras de canard déveiné de 450 à 500 g • 1 rose naturelle • 80 g de confit de rose • 6 g de sel • 3 g de poivre

Faites chauffer le confit de rose.

Détachez tous les pétales de la rose et lavez-les délicatement à l'eau claire. Plongez-les ensuite dans le confit frémissant.

Parallèlement, placez le lobe de foie gras dans un plat à rebords et laissez-le à température ambiante 30 min. Recouvrez-le ensuite de confit de rose et de pétales juste tièdes. Assaisonnez en sel et en poivre et laissez mariner à température ambiante pendant 1 h 30.

Moulez le lobe de foie gras dans une terrine de porcelaine.

Préchauffez votre four à 110 °C (th. 3-4).

Placez la terrine dans un bain-marie, enfournez et laissez cuire pendant 1 h.

À la sortie du four, laissez refroidir la terrine à température pendant 30 min, puis placez-la au réfrigérateur.

Le développement des parfums de la terrine sera optimal au bout de 2 jours. Vous devrez la consommer sous 4 jours.

Au moment du service, coupez le foie gras, disposez-le dans les assiettes de service et accompagnez-le d'une petite salade de pétales de fleurs, une façon douce et agréable de souhaiter une très bonne fête aux mamans.

Conseil. La cuisine aux fleurs est une tradition gourmande. Néanmoins, il faut prêter une attention particulière aux choix de ces fleurs : elles doivent être cultivées à l'eau minérale, sans ajout d'engrais ou de produits chimiques. Seuls quelques fleuristes pourront vous donner des conseils pertinents sur le choix de ces fleurs gourmandes.

Foie gras au havane et vieil armagnac pour la fête des Papas

Pour 6 personnes

500 g de foie gras d'oie déveiné • 1/2 cigare de La Havane • 4 cl d'armagnac • 6 g de sel • 3 g de poivre

Aplatissez légèrement le lobe de foie gras et laissez-le reposer à température ambiante pendant 1 h 30 environ.

Dans une petite casserole, faites tiédir l'armagnac, salez, poivrez et ajoutez le cigare préalablement ciselé très finement. Laissez infuser ce mélange puis versez-le sur le foie gras ; laissez mariner ainsi pendant 1 h environ.

Déposez le lobe de foie dans une terrine en porcelaine, pressez-le puis placez la terrine dans un plat à bain-marie allant au four. Mouillez à mi-hauteur avec de l'eau bouillante, enfournez et laissez cuire pendant 1 h.

À la sortie du four, laissez la terrine revenir à température ambiante pendant 30 min avant de la placer au frais.

Laissez reposer au frais 2 jours afin que les parfums soient diffusés de façon homogène.

Pour le service, le jour de la fête des Papas, découpez des fines tranches de cette terrine et accompagnez d'un pain de campagne ou aux céréales juste grillé et servi tiède.

Conseil. Je vous laisse choisir la qualité et la puissance de votre cigare, ainsi que le millésime plus ou moins ancien de l'armagnac (vous pouvez d'ailleurs le remplacer par du cognac ou par le digestif préféré de votre papa).

Foie gras de la Révolution française

Pour 6 personnes

1 lobe de foie gras de canard non déveiné de 500 g • 2 magrets de canard gras • 2 c. à soupe de graisse de canard • 200 g de tomates cerises • 2 gousses d'ail • 2 feuilles de laurier • 2 brindilles de thym frais • sel et poivre

Découpez le lobe de foie gras en gros cubes de 3 cm de côté et réservez au frais.

Dégraissez les magrets de canard et coupez-les également en cubes de 3 cm.

Parallèlement, faites chauffer la graisse de canard dans une casserole et ajoutez les 2 gousses d'ail épluchées et dégermées, les 2 feuilles de laurier et les brindilles de thym frais. Plongez les cubes de magret dans cette huile chaude et arrêtez le feu tout de suite. Laissez revenir à température ambiante.

Assaisonnez les cubes de foie gras avec le sel et le poivre.

Égouttez les cubes de magret puis, sur des piques en bois, intercalez un cube de magret, un cube de foie gras, une tomate cerise ; réitérez l'opération pour garnir toutes les piques.

Allumez votre barbecue puis faites rapidement griller vos petites brochettes de tous les côtés.

Attention : bien que les cubes de magret soient précuits, il faut qu'ils arrivent à cuisson idéale en même temps que les cubes de foie gras – c'est là que réside la difficulté de la recette.

Conseil. Vous pouvez accompagner ces brochettes d'une fine ratatouille parfumée à l'huile des Baux-de-Provence ou d'une pomme de terre cuite sous la cendre du barbecue. Il vous est aussi possible, avec la graisse récupérée de la cuisson des magrets, de faire des petits gratons en taillant ce gras en julienne et en le faisant frire dans l'huile de marinade bien chaude. Parsemez-en vos brochettes, cela leur apportera du croustillant. Cette recette sera idéale pour animer vos barbecues du 14 juillet.

Foie gras d'automne aux châtaignes et champignons des bois

Pour 6 personnes

1 foie gras de canard déveiné de 450 g • 1 c. à soupe de graisse de canard • 100 g de girolles • 100 g de pleurotes • 1 échalote • 50 g de châtaignes précuites • sel fin • poivre du moulin

Laissez le foie ramollir à température ambiante dans un plat pendant 1 h 30 environ puis assaisonnez-le avec 6 g de sel et 2 g de poivre blanc du moulin.

Parallèlement, préparez une fricassée de champignons : essuyez les champignons et concassez-les grossièrement.

Épluchez l'échalote et hachez-la finement.

Dans une poêle, faites chauffer la graisse de canard puis faites revenir les champignons pendant 2 à 3 min. En fin de cuisson, ajoutez l'échalote. Rectifiez l'assaisonnement en sel et en poivre du moulin. Débarrassez et laissez revenir à température ambiante.

Préchauffez votre four à 110 °C (th. 3-4).

Mélangez délicatement le foie avec les châtaignes précuites et la fricassée de champignons et placez ce mélange dans une terrine de porcelaine en tassant légèrement.

Enfournez la terrine au bain-marie et laissez cuire 1 h. À la sortie du four, laissez revenir à température ambiante puis placez la terrine au réfrigérateur pendant 2 à 3 jours, ce qui permettra à l'ensemble des saveurs de se développer.

Une fois entamée, la terrine devra être consommée dans les 4 jours.

CONSEIL. Il est préférable d'essuyer les champignons plutôt que de les laver, car ils se gorgeraient d'eau et en rendraient alors beaucoup à la cuisson.

Vous pouvez réaliser une fricassée avec les champignons de votre choix : girolles, morilles, champignons de Paris, chanterelles, trompettes-de-la-mort, et bien d'autres champignons, cueillis sur les sentiers de vos promenades d'automne.

Les châtaignes peuvent être remplacées par des marrons s'ils ne sont pas trop secs.

Foie gras de l'Assomption aux fruits d'été et fleur d'oranger

Pour 6 personnes

1 lobe de foie gras de canard déveiné de 450 g • 2 pêches de vigne • 10 g de cassonade • 3 cl de fleur d'oranger • 5 cl d'alcool de pêche • 6 g de sel fin • 2 g de poivre blanc du moulin

Déposez le foie gras dans un plat et laissez-le doucement ramollir à température ambiante pendant 1 h 30.

Pendant ce temps, faites bouillir de l'eau dans une casserole et plongez-y les pêches de vigne pendant 30 à 40 secondes. Sortez-les de l'eau et passez-les tout de suite dans l'eau glacée afin de pouvoir détacher la peau très facilement. Épluchez les pêches et taillez-les en petits quartiers.

Dans une poêle antiadhésive, sur feu vif, faites revenir les quartiers de pêche préalablement sucrés à la cassonade. Lorsqu'ils commencent à colorer légèrement, déglacez avec l'alcool de pêche et retirez du feu avant que l'alcool ne flambe.

Préchauffez votre four à 110 °C (th. 3-4).

Aplatissez le lobe de foie gras puis assaisonnez-le en sel et en poivre. Badigeonnez-le de fleur d'oranger et de jus de cuisson des pêches.

Une fois les pêches à température ambiante, placez-les au centre du lobe puis repliez celui-ci et placez-le dans une terrine. Écrasez-le légèrement afin de ne pas laisser se former des bulles d'air. Placez la terrine dans un plat allant au four, puis mouillez à mi-hauteur avec de l'eau bouillante. Enfournez la terrine et laissez cuire au bain-marie pendant 1 h.

À la sortie du four, laissez la terrine revenir à température ambiante pendant 1 h, puis pressez-la : posez dessus une planchette emballée de papier sulfurisé et pressez avec une boîte de conserve ou une terrine du même gabarit.

Récupérez le surplus de graisse après la presse et faites-le fondre. Lissez la surface de la terrine puis coulez dessus la graisse fondue, filtrée à travers un linge propre.

Placez la terrine au réfrigérateur. Elle arrivera à maturité au bout de 2 jours.

Une fois entamée, cette terrine devra être consommée sous 3 à 4 jours.

Conseil. Vous pouvez utiliser d'autres fruits d'été comme des brugnons, des pêches blanches ou des abricots frais. Évitez les fruits trop acides comme les fruits rouges (groseilles, cassis et autres).

Foie gras d'oie des vendanges tardives d'octobre

Pour 6 personnes

1 foie gras d'oie déveiné de 750 g (qualité extra) • 1 belle grappe de raisin blanc • 2 feuilles de gélatine • 15 cl de gewurztraminer vendanges tardives • 10 g de sel fin • 3 g de poivre blanc moulu

Laissez le foie à température ambiante durant 1 h afin qu'il ramollisse.

Pendant ce temps, égrainez les raisins blancs, épluchez-les et épépinez-les.

Dans une petite casserole, versez 10 cl de vin puis portez à fine ébullition.

Faites tremper les feuilles de gélatine dans de l'eau tiède. Lorsqu'elles sont ramollies, égouttez-les, pressez-les et ajoutez-les au gewurztraminer frémissant.

Dans une terrine, mettez les grains de raisin épluchés et versez dessus la gelée de gewurztraminer. Placez la terrine au réfrigérateur.

Assaisonnez le foie en sel et en poivre et versez le reste de vin. Laissez mariner pendant 1 h.

Préchauffez votre four à 110 °C (th. 3-4).

Sortez du réfrigérateur la terrine où la gelée de raisins est prise, puis garnissez cette terrine avec le foie d'oie assaisonné. Placez le tout au bain-marie dans une plaque allant au four. Mouillez la terrine d'eau bouillante à mi-hauteur. Enfournez et laissez cuire 1 h 30.

À la sortie du four, laissez revenir à température ambiante pendant 30 min avant de presser la terrine : posez dessus une planchette emballée de papier sulfurisé et pressez avec une boîte de conserve ou une autre terrine de même dimension ; placez au frais pendant 2 h.

Récupérez la graisse obtenue après la presse, faites-la fondre et passez-la à travers un linge propre. Démoulez, nettoyez la terrine et replacez-y le foie gras, puis coulez sur le dessus la graisse fondue et filtrée.

Laissez à nouveau prendre au réfrigérateur. La terrine atteindra sa maturité au bout de 2 à 3 jours.

Une fois entamée, la terrine devra être consommée sous 4 jours.

Conseil. Vous pouvez remplacer les grains de raisin blanc par du raisin noir. Vous pouvez également utiliser un autre vin de vendanges tardives, et garnir l'intérieur de votre terrine avec des petits raisins secs préalablement gonflés avec un vin de vendanges tardives.

Marbré de foie gras du beaujolais nouveau

Pour 6 personnes

1 lobe de foie gras de canard déveiné de 500 g • 1 bouteille de beaujolais nouveau • 50 g de miel mille fleurs • 1 bâton de cannelle • 8 g de sel • 2 g de poivre

Dans une casserole, portez le vin rouge à ébullition et ajoutez le sel, le poivre, le miel et le bâton de cannelle. Faites flamber le vin rouge. Lorsque les flammes disparaissent, retirez du feu et couvrez avec un couvercle pour laisser infuser le mélange. Lorsque vous pourrez poser votre main nue contre la casserole, le vin sera à température idéale pour y faire mariner le foie.

Déposez le lobe de foie gras dans un saladier puis versez dessus le mélange encore tiède. Laissez mariner à température ambiante pendant environ 1 h, puis couvrez le saladier avec une assiette ou un papier film et placez au réfrigérateur pendant 24 h.

À la sortie du réfrigérateur, placez le foie et la marinade dans une casserole. Faites chauffer sur feu doux et laissez doucement le vin monter à frémissement. Laissez ensuite cuire de 15 à 20 min selon la taille du foie.

Égouttez le foie et placez-le dans une terrine. Posez dessus une planchette emballée de papier sulfurisé et pressez avec une boîte de conserve ou une terrine du même gabarit ; laissez prendre au réfrigérateur pendant au moins 12 h.

Enlevez la presse et lissez la terrine. Elle sera encore meilleure si vous la laissez macérer 2 jours.

Le délai de consommation de la terrine est de 5 jours.

CONSEIL. Cette terrine sera très agréablement accompagnée d'une gelée de vin rouge.

LES INATTENDUS

Bûche de foie gras de canard au piment d'Espelette

Pour 6 personnes

1 lobe de foie gras de canard déveiné de 500 g • 50 g de confit de coing • 2 feuilles de gélatine • 4 g de piment d'Espelette • 6 g de sel fin

Faites ramollir les feuilles de gélatine dans de l'eau tiède.

Dans une casserole, faites chauffer légèrement le confit de coing puis ajoutez le piment, le sel et les feuilles de gélatine égouttées. Montez cet ensemble à frémissement jusqu'à ce que les feuilles de gélatine soient totalement dissoutes.

Parallèlement, placez le lobe de foie gras entre 2 feuilles de papier film ou de papier sulfurisé. À l'aide d'un rouleau à pâtisserie, aplatissez-le afin d'obtenir une « abaisse » de foie gras de 1,5 cm d'épaisseur.

Retirez le papier sulfurisé ou papier film et, à l'aide d'un pinceau, badigeonnez largement le foie gras avec la mélasse de coing au piment. Roulez-le ensuite très serré exactement comme vous le feriez pour un gâteaux roulé, puis emballez-le dans une feuille de papier sulfurisé ; serrez fortement à l'aide d'un papier film et nouez les 2 extrémités.

Portez une casserole d'eau à frémissement (90 °C) et plongez-y le rouleau de foie gras. Laissez-le cuire 40 min. Sortez-le de l'eau et laissez-le reposer à température ambiante pendant 30 min.

Placez-le au réfrigérateur pendant 2 jours afin que les parfums se diffusent largement.

Au moment du service, coupez de fines tranches de foie gras et accompagnez-les d'une petite salade de roquette sauvage assaisonnée à l'huile d'olive.

CONSEIL. Il est impératif de laisser un temps de maturation de 2 jours au moins ; le délai de consommation sera ensuite de 3 à 4 jours. Il est possible de remplacer le confit de coing par un confit de cerise noire ou confit d'abricot.

Foie gras de canard au torchon « cuit cru » au gros sel

Pour 6 personnes

1 lobe de foie gras de canard déveiné de 500 g • 3 kg de gros sel • 6 g de sel fin • 3 g de poivre

Laissez le foie reposer à température ambiante pendant 1 h, puis assaisonnez-le en sel et poivre. Roulez-le dans une feuille de papier sulfurisé puis dans un torchon bien serré. Nouez les 2 extrémités puis serrez soit à l'aide d'un papier film, soit à l'aide d'une bande de gaze. Il est impératif que le foie gras soit très serré et de forme cylindrique parfaite.

Tapissez de gros sel le fond d'un plat à larges rebords. Mettez-y le foie gras et recouvrez-le généreusement de gros sel. Placez-le dans le bas de votre réfrigérateur pendant 2 jours.

Retirez le gros sel puis enlevez la bande de gaze, le torchon et le papier film : le foie gras est bien ferme et cuit par le gros sel.

Coupez de larges tranches de foie gras et servez-les en entrée, accompagnées de tranches de pain de campagne légèrement grillées.

Conseil. Voilà une façon surprenante et originale de cuire le foie gras. Cependant, soyez très vigilant quant au délai de conservation : il ne sera que de 3 jours maximum, car, même si le foie gras est toujours bon, sa qualité bactériologique est largement altérée.

Flan de foie gras de canard « comme une pomme au four » et calvados

Pour 6 personnes

300 g de foie gras de canard cru • 6 pommes fruits à cuire type golden • 8 œufs entiers • 5 c. à café de calvados • 50 cl de lait entier • 20 g de beurre • sel • poivre du moulin

Préchauffez votre four à 180 °C (th. 6).

Découpez un chapeau sur les pommes puis, à l'aide d'une cuillère, retirez la pulpe en gardant une petite bordure de 1 cm tout autour et dans le fond des pommes. Mettez un petit morceau de beurre à l'intérieur puis assaisonnez en sel fin et en poivre du moulin.

Placez les pommes dans un plat allant au four et faites précuire pendant 5 à 7 min.

Pendant ce temps, préparez le flan de foie gras : coupez le foie gras en petits dés. Portez le lait à ébullition puis laissez-le bouillir et faites-y fondre les dés de foie gras. Passez ensuite au mixeur en ajoutant les œufs et le calvados.

Sortez les pommes du four et versez dedans l'appareil à flan en le passant au chinois fin. Enfournez à nouveau et laissez cuire 20 min. Assurez-vous que les flans sont bien cuits en y plantant la lame d'un couteau : elle doit ressortir sèche.

Replacez les petits chapeaux de pomme sur les flans et servez bien chaud.

CONSEIL. Cette technique de cuisson de flan végétal peut se faire soit avec des fruits (pommes, poires, pêches...), soit avec des légumes (pommes de terre, poivrons pour un foie gras d'été...).

Foie gras pressé poêlé aux pommes de terre et parmesan

Pour 6 personnes

2 lobes de foie gras de canard non déveiné de 450 g • 300 g de pommes de terre type charlotte • 200 g de vieux parmesan en bloc • 8 g de sel • 3 g de poivre du moulin

Lavez les pommes de terre, épluchez-les et taillez-les en lamelles épaisses.

Découpez les lobes de foie gras en deux dans le sens de la longueur. Assaisonnez les demi-lobes avec le sel et le poivre.

Détaillez le bloc de parmesan en pétales.

Dans une poêle antiadhésive bien chaude, poêlez vos lobes de foie gras jusqu'à ce qu'ils soient légèrement colorés et pratiquement cuits. Vérifiez la cuisson avec la pointe d'un couteau : elle doit transpercer le foie sans trop de résistance. Égouttez les lobes de foie gras sur un papier absorbant et réservez la graisse.

Dans cette graisse, faites cuire vos lamelles de pomme de terre jusqu'à ce qu'elles soient parfaitement cuites et légèrement dorées.

Dans une terrine, placez un demi-lobe de foie gras poêlé. Parsemez-le de quelques pétales de parmesan, puis couvrez de tranches de pomme de terre. Recouvrez de pétales de parmesan, placez un deuxième demi-lobe de foie gras, puis répétez l'opération jusqu'en haut de la terrine. Pressez cette terrine avec une seconde terrine de même dimension et placez le tout au frais ; laissez durcir au réfrigérateur pendant 2 jours afin de laisser 0les saveurs se mélanger.

Au moment du service, coupez des tranches et servez-les parsemées de quelques grains de fleur de sel et d'une petite salade de roquette.

Cette terrine aura une durée de consommation de 3 jours maximum. Au-delà, la chair des pommes de terre commencera à noircir.

CONSEIL. Vous pouvez réaliser cette recette en menant une cuisson en terrine classique. Il faudra alors précuire les pommes de terre et monter le foie gras totalement cru dans la terrine, puis réaliser une cuisson au bain-marie (voir le chapitre des terrines).

Foie gras en brioche

Pour 6 personnes

1 lobe de foie gras de canard non déveiné de 400 g

Pour la pâte à brioche : 2 œufs • 70 g de sucre • 500 g de farine type 55 • 30 g de levure de boulanger fraîche • 15 cl de lait entier • beurre pour le moule • 12 g de sel fin

Placez le lobe de foie gras au réfrigérateur pour qu'il soit bien froid.

Préparez la pâte à brioche : dans un bol, délayez la levure dans le lait tiède. Placez le sel et le sucre dans la cuve d'un batteur avec la farine. Versez doucement le lait contenant la levure puis ajoutez les œufs un à un. Battez à petite vitesse pendant 4 min. Il faut que la pâte soit lisse et homogène. Recouvrez-la d'un linge humide et laissez-la reposer à température ambiante pendant 1 h. Après ce temps de repos, travaillez légèrement la pâte avec les mains puis laissez-la gonfler une seconde fois à une température de 30 °C minimum.

Sur le plan de travail, étalez la pâte à brioche très légèrement farinée à l'aide d'un rouleau à pâtisserie. Emballez le lobe de foie gras dedans et disposez cette boule dans un moule à brioche beurré.

Préchauffez votre four à 180 °C (th. 6).

Laissez la pâte gonfler pendant 1 h 30 avant de la mettre au four pendant environ 45 min.

À la sortie du four, laissez reposer 15 min avant de servir.

Conseil. Vous pouvez servir cette brioche tiède en entrée, accompagnée d'une petite salade craquante, ou en plat, chaude, soulignée d'une sauce périgueux ou d'une réduction de vieux madère.

Œuf en neige de foie gras et crème légère aux truffes

Pour 6 personnes

200 g de foie gras en terrine • 5 g de truffe hachée • 4 œufs frais entiers • 50 cl de lait entier • 5 cl de jus de truffe • 1 pincée de sel fin • poivre du moulin

Préparez la crème de truffe : cassez les œufs et séparez les blancs des jaunes. Dans une casserole portez le lait à ébullition. Parallèlement, fouettez énergiquement les jaunes en y incorporant le jus de truffe ; assaisonnez en sel fin et poivre du moulin. Versez délicatement le lait bouillant sur les jaunes sans cesser de fouetter puis versez le tout dans la casserole et faites cuire de 4 à 5 min à feu très doux, en fouettant énergiquement. Débarrassez dans un saladier et laissez refroidir.

Montez les blancs d'œuf en neige avec 1 pincée de sel fin au batteur électrique. Commencez à vitesse réduite et augmentez doucement la vitesse afin d'obtenir une neige très ferme. Ajoutez la truffe hachée très finement et mélangez bien.

Dans une grande casserole, faites bouillir une grande quantité d'eau légèrement salée. À l'aide de deux cuillères en bois, prélevez une portion de blancs d'œuf en neige et posez-la sur l'eau frémissante. Retournez-la au bout de 30 s et faites-la pocher 30 s de l'autre côté. Pochez ainsi les boules de blancs d'œuf trois par trois, puis égouttez-les sur un papier absorbant, sans trop les entasser. Laissez refroidir.

Coupez le foie gras en petits dés.

À l'aide d'une petite cuillère, creusez les blancs en neige et remplissez-les avec quelques cubes de foie gras puis déposez-les délicatement sur un lit de crème de truffe.

Fondant de mangue rôtie et foie gras juste poêlé

Pour 6 personnes

1 beau lobe de foie d'oie cru de 700 g • 2 belles mangues bien mûres • 1 zeste de citron vert • 3 c. à soupe de sucre cassonade • 5 cl de vinaigre de mangue ou fruit exotique • 1 pincée de quatre-épices • 1 pincée de sel fin • fleur de sel • poivre du moulin

Préchauffez le four en position gril.

Épluchez et taillez les mangues en tranches d'1 cm d'épaisseur et déposez-les sur un papier aluminium sur la grille du four.

Râpez le zeste de citron vert sur les tranches de mangues, ajoutez la pincée de quatre-épices, assaisonnez en sel fin et poivre du moulin. Saupoudrez avec le sucre cassonade.

Placez les tranches de mangue sous le gril du four pendant 5 min environ jusqu'à ce qu'elles caramélisent légèrement.

Parallèlement, découpez de belles tranches dans le lobe de foie gras cru. Dans une poêle antiadhésive bien chaude, faites revenir les escalopes 3 min de chaque côté jusqu'à ce qu'elles soient bien colorées et justes cuites, (la pointe d'un couteau doit les traverser avec une légère résistance). Débarrassez les escalopes sur un plat et réservez au chaud. Videz le gras de la poêle et déglacez avec le vinaigre de mangue.

Dressez les assiettes en plaçant au centre de celles-ci une tranche de mangue rôtie ; déposez dessus une escalope de foie gras poêlée et nappez avec le déglaçage de la poêle. Servez bien chaud, parsemé de fleur de sel.

Crumble de foie gras aux noix du Périgord

Pour 6 personnes

120 g de foie gras cru • 3 cuisses de canard confit • 100 g de gésiers confits • 40 g de magret fumé coupé finement • 600 g de blancs de poireau • 2 c. à soupe de graisse d'oie

Pour les miettes : 150 g de comté vieux • 150 g de chapelure croustillante • 80 g de beurre demi-sel • sel • poivre du moulin

Retirez la peau des cuisses de canard confit et émiettez la chair dans un saladier.

Faites revenir les gésiers confits à la poêle et écrasez-les à la fourchette. Mélangez-les aux cuisses de canard émiettées.

Parallèlement, lavez les blancs de poireau à l'eau courante et émincez-les finement. Faites-les compoter dans une casserole dans la graisse d'oie préalablement fondue. Lorsque les poireaux sont bien compotés, ajoutez l'émietté de cuisses de canard et les gésiers écrasés.

Taillez le magret de canard en julienne et ajoutez-les à l'ensemble.

Coupez le foie gras cru en petits dés et mélangez le tout dans la casserole en portant à ébullition pendant à peine 2 min.

Remplissez un plat sabot de ce mélange.

Préchauffez votre four à 240 °C (th. 8).

Préparez les miettes : dans le bol d'un mixeur électrique, placez le comté vieux, la chapelure et le beurre en pommade. Mixez l'ensemble grossièrement, salez, poivrez et étalez les miettes obtenues sur votre plat. Enfournez et laissez cuire de 5 à 6 min. Le dessus du plat doit être joliment coloré.

À la sortie du four, présentez le plat au milieu de la table en entrée chaude.

Conseil. Vous pouvez faire varier la pâte de ce crumble en y incorporant des noix, qui apporteront du croquant, ou bien en ajoutant à l'appareil qui constitue le crumble des magrets de canard frais coupés en dés et revenus, ou toute autre partie du canard qui se marierait parfaitement avec cette recette.

Blanc-manger de foie gras de canard au coulis de cresson

Pour 6 personnes

250 g de foie gras en terrine tradition • 6 feuilles de gélatine • 30 g de noisettes concassées • 1 botte de cresson • 75 cl de lait entier • 15 cl d'huile de noisette • sel • poivre du moulin

Faites tiédir le lait dans une casserole sur feu doux.

Pendant ce temps, coupez le foie gras en petits dés réguliers.

Faites ramollir les feuilles de gélatine dans de l'eau tiède puis mélangez-les au lait et portez à ébullition. Retirez la casserole du feu et plongez-y les dés de foie gras. Laissez revenir à température ambiante et assaisonnez en sel fin et en poivre du moulin.

Lavez le cresson et effeuillez-le. Incorporez 1/4 des feuilles au lait au foie gras.

Dans des petits moules individuels (petits verres, moules à aspic) ou dans un plat familial, versez le mélange de lait et de foie gras au cresson. Attention : répartissez bien les dés de foie gras, qui pourraient être tombés dans le fond de la préparation.

Plongez le reste du cresson pendant 20 s dans une casserole d'eau bouillante bien salée, puis égouttez-le et placez-le très vite dans un bol de glaçons afin qu'il reste bien vert. Égouttez-le et mixez-le avec un appareil électrique en montant doucement le coulis à l'huile de noisette. Assaisonnez en sel fin et en poivre du moulin.

Au moment du service, nappez les assiettes de coulis de cresson puis démoulez au centre un petit blanc-manger au foie gras et parsemez le dessus de noisettes concassées.

Conseil. Vous pouvez remplacer le coulis de cresson, peut-être un peu fort, par un coulis d'épinard, de tétragone ou de tomate bien sucré, afin que l'acidité ne fausse pas le goût du foie gras.

Carpaccio de foie gras aux figues fraîches

Pour 6 personnes

250 g de foie gras cru • 6 figues fraîches bien mûres • 100 g de roquette sauvage • 1 c. à soupe de vinaigre balsamique vieux • 3 c. à soupe d'huile d'olive • fleur de sel • 1 pincée de mignonnette aux 5 poivres

Placez le foie gras cru au frais. Lorsqu'il est bien dur, sortez-le du réfrigérateur et, à l'aide d'un couteau très fin et bien aiguisé, ou à l'aide d'une machine à jambon, coupez-le en fins pétales, puis coupez les figues fraîches entières de la même façon.

Parallèlement, lavez la salade et coupez-la en tronçons moyens. Dans les assiettes de présentation, réalisez un lit de roquette. Puis, joliment, parsemez-le de pétales de foie gras cru et de pétales de figue.

Mélangez l'huile d'olive avec le vinaigre balsamique et assaisonnez doucement les assiettes.

Parsemez le tout de fleur de sel et de mignonnette aux 5 poivres.

Conseil. Voilà une jolie salade d'été, dans laquelle vous pourrez, bien entendu, remplacer les figues par des pêches bien mûres, des brugnons ou tout autre fruit d'été qui saura donner une touche de velours sucré à vos assiettes. Vous pouvez ajouter un peu de miel de lavande à votre vinaigrette.

Foie gras en mille-feuilles de galettes de sarrasin

Pour 6 personnes

1 lobe de foie gras de canard non déveiné de 500 g • 4 c. à soupe de graisse de canard • 400 g de pommes de terre type amandine • 300 g d'oignons rouges • 1 c. à soupe de miel mille fleurs • sel fin • poivre du moulin

Pour la pâte à galette : 330 g de farine de blé noir • 10 g de gros sel • 50 cl d'eau froide • 25 cl de lait entier • 1 œuf

Préparez les galettes de sarrasin : dans un saladier, mettez la farine et le gros sel puis mélangez à l'aide d'un fouet en versant l'eau et le lait en 2 ou 3 fois. Vous devez obtenir une pâte lisse et épaisse, à laquelle vous ajouterez l'œuf battu afin que vos galettes prennent une jolie coloration lors de la cuisson. Recouvrez le saladier de film alimentaire et laissez la pâte reposer de 1 à 2 h au réfrigérateur.

Graissez une crêpière ou une poêle à l'aide d'un papier absorbant imbibé d'huile. Versez une louche de pâte et laissez la galette colorer tout doucement afin qu'elle soit facile à décoller à la spatule. Retournez-la et laissez-la cuire 1 min sur l'autre face. Réservez les galettes à température ambiante.

Préparez la compotée d'oignons rouges : lavez-les, épluchez-les et émincez-les. Dans une casserole, faites fondre 2 c. à soupe de graisse de canard puis faites-y revenir les oignons. Lorsqu'ils commencent à colorer légèrement, ajoutez le miel afin de les faire confire. Lorsqu'ils sont bien confits, retirez la casserole du feu et réservez.

Préparez alors les petites pommes sautées : lavez les pommes de terre et épluchez-les puis coupez-les en tranches fines. Dans une poêle, faites chauffer la graisse de canard restante et faites revenir les pommes de terre pour qu'elles soient colorées ; prenez garde à ne pas les casser. Égouttez-les, assaisonnez-les en sel fin et en poivre du moulin puis réservez au chaud.

Coupez de larges tranches dans le lobe de foie gras puis, dans une poêle bien chaude et sèche, faites cuire les escalopes en les laissant colorer de 1 à 2 min de chaque côté. Le foie doit avoir une jolie couleur blonde. À l'aide d'un couteau, vous devez pouvoir transpercer les escalopes sans résistance. Égouttez sur un papier absorbant.

Préchauffez votre four à 200 °C (th. 6-7).

Montez les mille-feuilles : taillez des petits ronds dans les galettes à l'aide d'un verre ou d'un emporte-pièce de 5 cm de diamètre. Placez un disque de crêpe dans le fond d'une assiette. Déposez dessus une fine couche de confit d'oignon, une petite escalope de foie gras chaud puis une autre rondelle de galette de sarrasin et continuez l'opération avec les pommes de terre rissolées, une petite escalope de foie gras chaud ; terminez par un disque de galette de sarrasin. Préparez ainsi 6 mille-feuilles.

Passez les mille-feuilles au four chaud pendant 2 à 3 min juste avant de servir.

Conseil. Le foie gras se savoure frais, mais pas glacé. Il est recommandé de le sortir du réfrigérateur au moins une demi-heure avant de le servir.

Vous pouvez accompagner cette préparation de légumes ou d'un petit mesclun de salade assaisonnée de vinaigrette rehaussée au chouchen (alcool Breton). Cette recette m'a été inspirée par Roland Ceaver, breton de souche et grand défenseur des galettes de sarrasin.

Aumônière de foie gras de canard à la bière et au confit d'oignon

Pour 6 personnes

1 lobe de foie gras de canard non déveiné de 400 g • 150 g de pain noir ou aux céréales • 1 c. à soupe de graisse de canard • 3 gros oignons • 6 feuilles de brik • 30 g de cassonade • 1 l de bière blonde • sel • poivre du moulin

Confectionnez le confit d'oignon : lavez les oignons, épluchez-les et émincez-les grossièrement.

Dans une casserole, faites fondre la graisse de canard et faites revenir les oignons jusqu'à coloration. Ajoutez la cassonade, assaisonnez-en sel fin et en poivre du moulin et ajoutez 10 cl de bière blonde. Laissez compoter environ 1 h à feu doux en remuant régulièrement pour que le confit ne colle pas au fond de la casserole.

Faites mariner le foie gras dans la bière restante pendant 4 à 5 h puis montez la bière avec le foie gras à frémissement sur feu doux et laissez cuire doucement pendant 10 à 15 min. Retirez du feu et laissez revenir à température ambiante, puis placez le foie gras, toujours dans la bière, au réfrigérateur pendant 4 bonnes heures.

Pour le montage, égouttez le foie gras et coupez 6 escalopines assez épaisses.

Préchauffez votre four à 170 °C (th. 5-6).

Étalez les feuilles de brik sur le plan de travail et placez au centre de chacune une petite tranche de pain noir ou aux céréales. Placez dessus une généreuse cuillerée à soupe de confit d'oignon et une tranche de foie gras à la bière. Refermez les feuilles de brik en aumônières en pinçant les bords. Faites tenir chaque aumônière avec une petite pique en bois.

Enfournez pour 5 à 8 min. Les feuilles de brik commenceront à colorer et à devenir croustillantes.

À la sortie du four, servez rapidement : cette entrée doit être dégustée tiède.

Conseil. Vous pouvez remplacer le confit d'oignon par un chutney de légumes ou par une compotée d'échalotes ou de chou frisé, selon les saisons et les tendances. Cette recette ayant une connotation alsacienne, vous pouvez la réaliser avec un foie gras d'oie.

LES FOIES GRAS D'OIE

Cou d'oie farci au foie gras et parfum de truffe

Pour 6 personnes

200 g de foie gras d'oie • 250 g de magret d'oie • 3 cous d'oie avec la peau • 250 g d'échine de porc • 10 g de truffe • 2 raclures de noix de muscade • 3 l de bouillon de volaille • 1 c. à soupe de cognac • 1 pincée de quatre-épices • sel fin • poivre du moulin

Retirez, sans l'abîmer, la peau des cous d'oie en en laissant une partie sur la poitrine – cela servira à refermer les cous farcis.

Dans un hachoir, passez deux fois l'échine de porc et le magret d'oie à la grille fine. Placez ce hachis dans un saladier puis mélangez-le aux épices, au cognac et à la truffe grossièrement hachée. Assaisonnez en sel fin et en poivre du moulin. Laissez ensuite la farce reposer au frais pendant 2 h environ.

Découpez le foie gras en gros bâtonnets.

Ficelez l'extrémité des cous dans leur partie la plus fine puis remplissez-les de farce. Glissez au centre un bâtonnet de foie gras d'oie. Repliez l'extrémité puis cousez à l'aide d'une ficelle de boucherie.

Dans une casserole, faites frémir les 3 l de bouillon de volaille puis faites-y cuire les cous d'oie pendant 50 min à frémissement. Attention : le bouillon ne doit pas bouillir, cela déchirerait la peau du cou.

Laissez refroidir dans le bouillon puis placez au frais pendant 2 à 3 h afin que les cous farcis redeviennent bien durs.

Conseil. Ces cous farcis peuvent être proposés froids, en hors-d'œuvre, ou chaud en plat pour un dîner. Ils seront alors accompagnés d'une salade braisée avec une sauce madère ou d'une purée de pommes de terre légèrement parfumée à la graisse d'oie et assaisonnée avec une raclure de noix de muscade.

Foie gras d'oie chaud aux poires fondantes et à la williamine

Pour 6 personnes

1 lobe de foie gras d'oie non déveiné de 700 g environ • 3 poires Williams • 20 cl de williamine (alcool de poire) • 2 c. à soupe de miel de fleurs • 3 g de poivre de Sichuan • sel fin • poivre du moulin

Placez le lobe de foie gras à température ambiante dans un saladier et faites-le macérer de 3 à 4 h dans l'alcool de poire.

Pendant ce temps, lavez les poires et taillez dans la longueur, sans les éplucher, des tranches épaisses d'environ 1/2 cm d'épaisseur.

Dans une poêle, portez le miel à ébullition et faites-y confire les tranches de poire : elles doivent devenir translucides et prendre une couleur légèrement brune. Parsemez les poires de grains de poivre de Sichuan et laissez infuser. Égouttez ensuite les tranches de poire dans une assiette et réservez le jus de cuisson.

Égouttez le foie gras et récupérez l'alcool de la marinade. Mélangez la moitié de cet alcool avec le miel de cuisson des poires.

Découpez le foie gras en tranches épaisses et assaisonnez en sel fin et en poivre. Dans une poêle antiadhésive bien chaude, faites-les cuire 2 min de chaque côté afin qu'elles prennent une jolie couleur dorée. Vérifiez la cuisson en piquant les escalopes avec la pointe d'un petit couteau : elle doit les transpercer avec une légère résistance. Égouttez les escalopes et videz la poêle de l'excédent de graisse puis replacez-les dans la poêle à feu doux. Faites flamber avec l'alcool de cuisson mélangé au miel de cuisson des fruits. Laissez réduire légèrement.

Dans les assiettes de service, placez 1 ou 2 tranches de poire confite, déposez dessus les escalopes de foie gras et nappez légèrement de la réduction d'alcool et du jus de cuisson des escalopes.

Servez bien chaud.

Conseil. Vous pouvez servir ces escalopes accompagnées d'une petite salade ou d'une tombée de légumes croquants, ou encore de chips de poire confectionnées avec de fines tranches de poire séchées au four à 70 °C pendant 3 à 4 h.

Foie gras d'oie au miel de gewurztraminer

Pour 6 personnes

1 foie gras d'oie déveiné de 750 g • 3 c. à soupe de miel de gewurztraminer • 5 cl de gewurztraminer vendanges tardives • 10 g de sel fin • 2 g de poivre blanc

Placez le foie gras dans un plat à température ambiante et couvrez-le.

Dans une petite casserole, faites tiédir le miel de gewurztraminer avec le sel, le poivre et le vin blanc. Lorsque le sel est bien dissout, laissez revenir ce mélange à température ambiante et versez-le sur le foie. Laissez mariner de 2 à 3 h puis placez le foie gras dans une terrine en porcelaine.

Préchauffez votre four à 110 °C (th. 3-4).

Enfournez la terrine dans un bain-marie et laissez cuire pendant 1 h 15. En fin de cuisson, sortez la terrine du four et laissez-la reposer 1 h à température ambiante avant de la placer au frais pour 4 à 5 h.

Dégustez cette terrine 2 ou 3 jours après sa fabrication, elle n'en sera que plus savoureuse.

Consommez la terrine dans un délai de 3 à 4 jours après l'avoir entamée.

Conseil. Cette terrine s'accompagne très bien d'une petite salade de chou cru juste émincé et parfumé de genièvre ou, plus simplement, dans un dressage à l'assiette, d'une gelée de gewurztraminer.

Foie gras
d'oie truffé

Pour 6 personnes

1 lobe de foie gras d'oie de 750 à 800 g • 1 barde de lard • 1 belle truffe du Périgord • 5 cl de jus de truffe • 1 c. à soupe de madère ou d'armagnac • 10 g de sel fin • 3 g de poivre moulu blanc

Laissez le foie gras à température ambiante pendant 1 h afin qu'il soit malléable, puis assaisonnez-le en sel fin et en poivre du moulin. Nappez-le du jus de truffe préalablement mélangé à l'alcool.

À l'aide d'une petite brosse souple, brossez la truffe pour bien la nettoyer. Coupez-la en rondelles assez épaisses.

Chemisez une terrine avec la barde de lard en la laissant dépasser de la terrine puis écrasez le lobe de foie gras à l'intérieur. Incisez-le avec la pointe d'un couteau, puis placez les rondelles de truffe dans les fentes. Refermez ces petites incisions avec vos doigts en évitant les bulles d'air. Lissez la surface du foie et couvrez-le en rabattant la barde dessus.

Laissez reposer la terrine au réfrigérateur pendant 4 à 5 h.

Préchauffez votre four à 110 °C (th. 3-4) et enfournez la terrine au bain-marie pendant 1 h 30 environ.

Sortez la terrine du four et laissez-la refroidir à température ambiante pendant 1 h avant de la placer au réfrigérateur pour 2 ou 3 jours afin qu'elle ait un parfum homogène et agréable.

Vous pourrez consommer la terrine pendant un délai de 3 à 4 jours après l'avoir entamée.

CONSEIL. Cette terrine a été chemisée avec une barde de lard, tradition alsacienne. Celle-ci sert à protéger le foie gras lors de la cuisson en permettant une diffusion de chaleur moins violente.

Foie gras d'oie au vieux rhum et caramel de canne

Pour 6 personnes

1 lobe de foie gras d'oie non déveiné de 700 à 750 g • 200 g d'achards de légumes (préparés) • 10 cl de sirop de sucre de canne • 8 cl de rhum vieux • sel fin • poivre du moulin

Détaillez le foie gras en escalopines d'environ 2 cm d'épaisseur. Assaisonnez en sel et en poivre du moulin.

Dans un petit verre, mélangez le sirop de sucre de canne avec le rhum.

Dans une poêle antiadhésive bien chaude, faites revenir les petites escalopes de foie gras. Lorsqu'elles sont bien colorées sur les deux faces, versez le mélange de sirop et de rhum. Laissez caraméliser l'ensemble.

Faites tiédir les achards en les passant une dizaine de min au four préalablement préchauffé à 120 °C (th. 4) puis déposez dessus les petites escalopes de foie gras au caramel de rhum ; nappez légèrement avec la sauce obtenue.

Servez bien chaude cette entrée fort exotique.

Conseil. Cette recette a une ambiance antillaise qui n'est pas pour déplaire. Elle vient de la Guadeloupe et m'a été inspirée par mon ami Pierre Koury. Vous pouvez réaliser les achards de légumes en taillant une julienne de carottes, céleris et poireaux et en la travaillant avec des épices locales (curcuma, curry, safran…).

Vous pouvez aussi dresser ces petites escalopines dans une canne à sucre ouverte en deux dans le sens de la longueur. Cela fera un dressage tout à fait tendance.

Foie gras
à l'alsacienne

Pour 6 personnes

1 lobe de foie gras d'oie qualité extra de 700 g • 100 g de barde de lard • 5 cl de kirsch • 12 g de sel épicé (voir ci-dessous) • 4 g de poivre gris moulu

Pour préparer le sel épicé, faites réaliser ce mélange d'épices pulvérisé par votre herboriste : 2 g de sarriette séchée moulue, 2 g de sauge séchée moulue, 2 g de romarin séché moulu, 2 g de piment d'Espelette, 4 g de basilic séché moulu, 6 g de marjolaine séchée moulue, 6 g de macis séché moulu, 6 g de gingembre en poudre, 6 g de clous de girofle moulus, 6 g de thym séché moulu, 6 g de cardamome moulue, 12 g de coriandre moulue, 12 g de poivre blanc moulu, 12 g de poivre noir moulu, 2 g de noix de muscade râpée. Conservez le mélange d'épices dans une boîte bien hermétique afin de le garder à l'abri de l'air, de l'humidité, de la lumière et de la chaleur. Pour obtenir 100 g de sel épicé, prélevez 5 g de ce mélange et mélangez-le à 95 g de sel fin.

Placez le foie gras déveiné dans un plat et laissez-le à température ambiante pendant 1 ou 2 h afin qu'il soit malléable. Assaisonnez-le de sel épicé et poivre moulu sur toutes ses faces et à l'intérieur puis versez le kirsch dessus. Laissez le foie macérer de 2 à 3 h, puis placez-le dans une terrine en le pressant fortement afin d'éliminer les bulles d'air, qui, à la cuisson, formeraient des petites masses de graisse. Posez la barde de lard dessus.

Préchauffez votre four à 110 °C (th. 3-4).

Enfournez la terrine dans un bain-marie et laissez-la cuire 1 h 15. Sortez-la du four, retirez la barde de lard et laissez la température descendre pendant 1 h. Placez ensuite la terrine dans un plat à bords hauts bien sec et pressez en posant dessus une autre terrine du même gabarit.

Placez 3 à 4 h au frais, puis récupérez la graisse ; faites-la fondre et versez-la sur le foie gras.

Remettez la terrine au frais et laissez-la macérer pendant 2 ou 3 jours afin que les parfums soient bien répartis.

Une fois entamée, la terrine se conservera pendant 3 à 4 jours.

Conseil. Cette recette est un pur produit de la tradition alsacienne. Vous pouvez accompagner la terrine de fruits de saison, d'une gelée de gewurztraminer ou de kirsch, ou de bien d'autres produits alsaciens.

Lobe de foie gras à l'étouffée

Pour 6 personnes

1 lobe de foie gras d'oie non déveiné de 750 g • 400 g de chair à saucisse • 3 g de baies de genièvre • 100 g de farine • 10 g de sel fin • 3 g de poivre du moulin

Dans un plat, placez le foie gras à température ambiante, puis assaisonnez-le sur toutes ses faces en sel fin et en poivre du moulin.

Parallèlement, mélangez les baies de genièvre à la chair à saucisse.

Préchauffez votre four à 150 °C (th. 5).

Dans une cocotte allant au four et munie de son couvercle, déposez la chair à saucisse dans le fond et habillez les parois. Disposez le lobe de foie gras et recouvrez à nouveau de chair à saucisse : le foie doit être totalement enfoui. Refermez la cocotte, puis préparez une pâte à « luter » en mélangeant la farine avec un peu d'eau. Soudez le couvercle avec cette pâte. Enfournez la cocotte pour une durée de 1 h 35.

Sortez la cocotte du four et laissez-la revenir à température ambiante avant de la placer au frais. Laissez les saveurs arriver à maturité pendant 2 jours puis cassez votre repère, ou pâte à « luter », et coupez de larges tranches dans cette terrine du terroir aux goûts subtils.

CONSEIL. Vous pouvez parfumer la chair à saucisse avec l'alcool de votre choix ou un hachis d'herbes. Dans cette recette, elle sert de protection au lobe de foie gras, qui cuit tout doucement puisqu'il n'est pas en contact avec les parois de la cocotte. De ce fait, la chair à saucisse sera parfumée par la graisse du foie et le foie le sera par la chair à saucisse.

Foie gras d'oie fumé

Pour 6 personnes

1 lobe de foie gras non déveiné de 750 à 800 g • 1 c. à café de poudre de thym • 1 pincée de poudre de laurier • 40 g de fleur de sel • 10 g de poivre de Sichuan • petits sarments de vigne • 200 g de sciure de bois

Placez le foie dans un plat à température ambiante puis assaisonnez-le avec la fleur de sel préalablement mélangée au thym, au laurier moulus et au poivre. Tassez bien ce gros sel sur toutes les faces du foie gras et laissez mariner ainsi pendant 1 h 30.

Parallèlement, percez un grand nombre de trous dans le fond d'une boîte en fer. Attention : cette boîte doit être munie d'un couvercle, qui ne sera percé que d'un seul trou.

Sortez le foie du plat et débarrassez-le de la totalité de son assaisonnement en le frottant à l'aide d'un papier absorbant ou d'un torchon de coton bien propre. Déposez-le dans la boîte percée et refermez avec le couvercle.

Dans une autre boîte de même gabarit, faites brûler les sarments de vigne et étouffez ce petit feu avec de la sciure : cela dégage instantanément une fumée épaisse.

Placez la boîte contenant le foie gras sur cette seconde boîte ; la fumée, en passant à travers les trous, fumera le foie gras. Il faudra compter de 2 h à 2 h 30 de fumage selon le gabarit du foie.

Cette partie de la recette est très délicate. Pendant la progression, soyez vigilant quant à la qualité et à la quantité de fumée. Il ne faut pas que la fumée soit chaude : ne laissez donc pas la sciure s'embraser, mais ne laissez pas non plus la fumée s'étouffer.

En fin de fumage, placez le lobe de foie gras au frais 3 à 4 h. Lorsqu'il aura durci, coupez-le en tranches très fines et dégustez-les en entrée, accompagnées d'une petite salade légèrement assaisonnée afin de ne pas altérer la subtilité du fumage.

Conseil. Soyez attentif au choix de la sciure et procurez-vous-la éventuellement chez un fabricant de saumon fumé ou votre charcutier. Vous pouvez aussi récupérer de la sciure de tonneau ayant servi à la vinification de certains grands vins, d'Alsace de préférence ; des barriques à whisky, réduites en sciure, parfumeront également très agréablement votre foie gras. Attention toutes les sciures ne peuvent pas être utilisées pour le fumage des aliments.

Rillettes d'oie au foie gras

Pour 6 personnes

1 lobe de foie gras d'oie déveiné de 750 g • 3 cuisses d'oie grasse • 2 kg de graisse d'oie • 3 branches de thym frais • 3 feuilles de laurier frais • 200 g de gros sel marin • 10 g de mignonnette de poivre

Placez les cuisses d'oie dans un plat creux et masquez le dessus avec le gros sel mélangé au poivre, au thym et au laurier. Laissez les cuisses macérer pendant environ 12 h.

Dans une casserole, faites tiédir la graisse d'oie. Sortez les cuisses d'oie du gros sel et essuyez-les à l'aide d'un linge propre. Placez-les dans la graisse d'oie frémissante et laissez cuire 5 h.

Au bout de 5 h, ajoutez le lobe de foie gras entier. Laissez le tout confire encore 1 h.

Égouttez les cuisses et le foie, puis retirez la peau des cuisses et désossez-les dans un plat. Cette opération sera plus facile à réaliser si vous la pratiquez à chaud. Émiettez la chair des cuisses à l'aide d'une fourchette, puis malaxez-la avec le foie gras. Mélangez bien, mais en laissant des morceaux d'oie dans la pâte. Répartissez les rillettes obtenues dans des petits ramequins et placez-les au frais.

Laissez reposer de 3 à 4 h. Lorsque les rillettes ont bien durci, servez-les en entrée, accompagnées de tranches de pain de campagne rôties et croustillantes.

Conseil. Vous pouvez réaliser la même recette avec du canard. Vous pouvez aussi parfumer ces rillettes en y ajoutant, au moment de malaxer, soit un alcool, soit un hachis d'herbes fraîches, soit un concassé de mendiant qui apportera un peu de croquant à cette recette moelleuse.

Choucroute de foie d'oie au champagne

Pour 6 personnes

1 lobe de foie gras d'oie non déveiné de 750 g • 250 g de magret fumé • 2 magrets d'oie frais • 300 g de manchons d'oie confits • 6 saucisses d'oie • 1/2 bouteille de champagne brut • sel fin • poivre noir du moulin

Pour la garniture : 1,3 kg de choucroute crue • 3 pommes de terre à chair ferme • 50 g de graisse d'oie • 2 clous de girofle • 3 feuilles de laurier • 1 brindille de thym • 1 c. à café de cumin en poudre • 1 c. à café de baies de genièvre • 20 cl de fond de volaille • 20 cl de vin blanc d'Alsace

Lavez la choucroute à grande eau et essorez-la soigneusement. Renouvelez l'opération plusieurs fois si nécessaire. Séchez la choucroute dans un linge.

Dans une grande casserole, faites fondre la graisse d'oie. Ajoutez la choucroute et mouillez avec le fond de volaille et le vin blanc. Aromatisez avec les baies de genièvre, les clous de girofle, le cumin, le thym et le laurier ; salez, poivrez. Faites cuire 1 h 30 à couvert sur feu doux. Ajoutez le magret fumé préalablement coupé dans la longueur en tranches fines, puis les magrets d'oie coupés en gros morceaux. Poursuivez la cuisson sur feu doux pendant 1 h.

Ajoutez les saucisses, les pommes de terre juste lavées et pelées. Laissez cuire à couvert pendant environ 30 min, jusqu'à ce que les pommes de terre soient tendres. Ajoutez les manchons d'oie confits.

Préchauffez votre four à 250 °C (th. 8-9).

Placez le lobe de foie gras dans un plat, enfournez-le et faites-le colorer de 4 à 5 min. Lorsqu'il a obtenu une jolie couleur dorée, placez-le sur le dessus de la choucroute et versez le champagne dessus. Couvrez et laissez cuire à nouveau pendant 30 min.

Dressez cette choucroute dans un plat creux préchauffé.

Conseil. Cette recette très classique est un plat de terroir alsacien. Vous pouvez donc lui apporter une fantaisie gourmande en changeant la garniture ou en y ajoutant des morceaux d'oie confits. Vous pouvez réaliser cette recette avec du canard.

Table des recettes

Les plats

Une fête, un foie gras

Les inattendus

Les foies gras d'oie

Index des ingrédients

Fruits & fruits secs

LÉGUMES

ALCOOLS

SUCRÉ

HERBES & PLANTES

Mes bonnes adresses

USTENSILES

Zwilling Ja Henckels France
12, bd de la Madeleine
75009 Paris
Tél. : 01 42 68 88 00
Fax : 01 42 68 88 05
www.zwilling.com

LOISIRS

Les musées
Musée du Foie Gras
Souleilles – 47140 Frespech
Tél. : 05 53 41 23 24
Fax : 05 53 41 31 90
www.souleilles-foiegras.com
contact@souleilles-foiegras.com
Ouvert de 10h00 à 19h00
Fermeture annuelle en janvier

Maison de l'oie et du canard
Musée du foie gras
Place Foch – 24000 Thiviers

Musée du Foie Gras et des Traditions Populaires
3, rue du Chanoine Dieuzaide
32130 Samatan
Tél. : 05 62 62 55 40

Le Petit Musée du Foie Gras
La Ferme du Courdou – 32170 Aux-Aussat
Tél. : 05 62 67 53 00

Musée du Foie Gras
Ferme de Beaucru
31120 Roquettes
Tél./Fax. : 05 61 76 38 98
Ouvert de 10h00 à 12h00
et de 15h00 à 19h00

Musée de la truffe de Sorges
24420 Sorges
Tél. : 05 53 05 90 11

Les stages et les week-ends gourmands
Loisirs Accueil Gers
Chemin Caillaouère -BP 178 – 32003 Auch cedex
Tél. : 05 62 61 79 00
Fax : 05 62 61 79 09
contact@gers-tourisme.com

La Demeure de la Pierre
85440 Avrillé
Tel : 02 51 22 39 50
www.foiegrasvendee.com
Cours de cuisine

Ferme de Pleine Fage
24590 Paulin
Tél. : 05 53 29 25 09
Fax : 05 53 59 42 97
www.pleinefage.com
pleinefage@free.fr

Les Charmes de Carlucet
24590 Saint-Crépin et Carlucet
www.carlucet.com/fr/stage_foie_gras. htm
Contact : Éric Edgar
Tél. : 05 53 31 22 60
Stage « Foie gras aux Charmes » en Périgord noir

Elisabeth Le Nabour
Hameau de Ladouch
24260 Le Bugue
albuca.net@wanadoo.fr
Tél. : 05 53 54 18 68

Joséphine Chambon
La Grange du Moulin de Tauran
82110 Lauzerte
Tél. : 06 87 91 83 42
Tél./Fax : 05 63 94 60 68 ou 08 77 45 97 85
http ://moulintauran.free.fr
moulindetauran@wanadoo.fr

Bernard et Chantal Bodic
Chambres et table d'hôtes de charme
Les Aulnaies
41110 Saint-Aignan-sur-Cher
Tél. : 02 54 75 43 89
Fax : 02 54 75 43 89
lesaulnaies@aol.com

Week-end truffes
La Colline des Ocres – Village de vacances
Chemin des Trécassats
84400 Villars
Tél./Fax : 04 90 75 44 58 – 06 14 84 25 42
www.lacollinedesocres.com
legendrepatrick@aol.com

Le Mas des Sources - Chambre d'hôtes (3 épis)
Quartier Lacoste – 84820 Visan
Tél./Fax : 04 90 41 95 90
contact@mas-des-sources.com
www.mas-des-sources.com

Château Vert
Monsieur et Madame Torel
84820 Visan
Tel. : 04 90 41 91 21
Fax : 04 90 41 94 63

Institutions et associations

Site officiel du CIFOG
Comité Interprofessionnel des Palmipèdes à Foie Gras
28 rue du Rocher – 75008 Paris
www.lefoiegras.fr/

ITAVI
Institut Technique de l'Aviculture
Siège social
28, rue du Rocher – 75008 Paris
Tél. : 01 45 22 62 40
Fax : 01 43 87 46 13

CREA
Centre de Recherche et d'Études pour l'Alimentation
199, Rue Raymond Losserand
75014 Paris
Tél. : 01 40 44 73 72
Fax : 01 40 44 56 95
www.lecrea.com – crea@lecrea.com

Association Gersoise pour la Promotion du Foie Gras
Route de Mirande - B.P. 161 – 32003 Auch Cedex
Tél. : 05 62 61 77 40
Fax : 05 62 61 99 15
foie-gras@gers.chambagri.fr

Association Foie Gras du Périgord
4/6, Place Francheville
24016 Périgueux cedex
Tél. : 05 53 35 88 38
Fax : 05 53 53 43 13

INAO
(Institut National des Appellations d'Origine)
138, avenue des Champs Élysées – 75008 Paris
Tél. : 01 53 89 80 00
Fax : 01 42 25 57 97

Association IGP/Foie gras du Sud-Ouest
Cité Mondiale
6 parvis des Chartrons
33000 Bordeaux
Tél. : 05 56 48 80 35

LES PRODUCTEURS

Excel foie gras
Gaubardin
Route de Castelnau-Chalosse – 40360 Donzacq
Tél. : 05 58 98 42 59
Fax : 05 58 98 42 72
info@excelfoiegras.com

Cap Sud Ouest
248, rue de la Convention
75015 Paris
Tél. : 01 48 28 11 47
Fax : 01 45 33 77 30

Cap Sud Ouest Cannes
13, place du Marché Forville
06400 Cannes
Tél. : 04 93 38 03 65
Fax : 04 93 38 81 94

Truffes PLANTIN
Christian GROUT
84110 Vaison-la-Romaine
Tél. : 06 81 43 62 30

Foie gras d'oie Bruck
Georges Bruck S.A.
BP 139/R4 – 67000 Strasbourg
infos@bruck-foiegras.com

Procanar France
La Haie
56190 Lauzach
Tél. : 02 97 48 78 00
Fax : 02 97 48 78 22
www.procanar.com

Shopping

Chantal Guillemain tient à remercier les magasins et les collectionneurs ci-dessous pour le prêt des accessoires et des textiles.

Kim Mahe Hyeyong
La boutique scandinave
Bô
Louiselio
Astier de Villatte
Sentou
Zero One One
Maison Guy Degrenne
Art domestique ancien :

Remerciements

Quand on prononce les mots « foie gras », on trouve tout de suite un ensemble de fans prêts à bondir. C'est donc dans une réelle bonne humeur que j'ai pu écrire ce troisième ouvrage et c'est tout naturellement que l'ensemble de mes remerciements se dirige vers ma garde rapprochée :

Un grand merci à :
Toute l'équipe des éditions de La Martinière, pour son soutien permanent ;

Pierre Cabannes, « mon » photographe (pourrais-je faire un jour un ouvrage sans lui ¿) ;

Chantal Guillemain, pour son shopping tout en finesse ;

Marc Clareton, toujours présent, qui va certainement devenir avec cet ouvrage mon meilleur lecteur.

Jean-Charles Karmann

Jean-Charles Karmann est chef de cuisine et conseiller technique pour le traiteur Nomad du groupe Eurosites à Paris. Il a appris son métier chez les plus grands de la gastronomie française (Crillon, Faugeron, Pangaud, Bristol où il fut lauréat du concours « Jeune cuisine » présidé par Joël Robuchon).

Il est l'auteur de *Tout Siphon, Tout Cuit-vapeur, Tout Croque, Tout Gaufre, Tout Raclette et Workshop Foie Fras.*

Photographe spécialisé dans les sujets culinaires, **Pierre Cabannes** a signé les images de nombreux livres, parmi lesquels *Mes 100 recettes de fromages, Mes 100 recettes d'œufs* et *La Volaille de Christian Constant* aux Éditions Minerva.

Cet ouvrage a été réalisé
d'après l'œuvre originale *Mes 100 recettes de foie gras*,
de Jean-Charles Karmann,

Couverture

Conception graphique : Juste Ciel

Édition :
Sophie Zagradsky/Chine

Conception graphique et réalisation :
Florence Cailly/Chine

Connectez-vous sur :
editionsdelamartiniere.fr

ISBN : 978-2-7324-7702-2

Département éditorial Art de Vie
Achevé d'imprimer en septembre 2016
sur les presses de Printer Portuguesa
Dépôt légal : octobre 2016
Imprimé au Portugal